〔康熙〕浒墅关志

〔清〕陈常夏 修
〔清〕孙 珮 纂辑
〔清〕孙 鼎 续纂

阳 山 志

〔明〕陆汝成 撰

阳 山 新 录

〔明〕顾元庆 撰

苏州高新区（虎丘区）档案馆（区地方志编纂中心） 编

广陵书社

图书在版编目（CIP）数据

（康熙）浒墅关志 /（清）陈常夏修；（清）孙珮纂辑；（清）孙鼎续纂；苏州高新区（虎丘区）档案馆（区地方志编纂中心）编. 阳山志 /（明）陆汝成撰；苏州高新区（虎丘区）档案馆（区地方志编纂中心）编. 阳山新录 /（明）顾元庆撰；苏州高新区（虎丘区）档案馆（区地方志编纂中心）编. -- 扬州 : 广陵书社, 2023.12

ISBN 978-7-5554-2206-8

Ⅰ.①康… ②阳… ③阳… Ⅱ.①陈… ②陆… ③顾… ④孙… ⑤孙… ⑥苏… Ⅲ.①乡镇－地方志－吴县－清代②阳山县－地方志－明代③古典诗歌－诗集－中国－明代 Ⅳ.①K295.35②K296.54③I222.748

中国国家版本馆CIP数据核字(2024)第039795号

〔康熙〕浒墅关志	〔清〕陈常夏修
	〔清〕孙珮纂辑
	〔清〕孙鼎续纂
阳 山 志	〔明〕陆汝成撰
阳山新录	〔明〕顾元庆撰

编　者	苏州高新区(虎丘区)档案馆(区地方志编纂中心)
责任编辑	王　丽
出 版 人	曾学文

出版发行　广陵书社
　　　　　扬州市四望亭路 2-4 号　　　邮编　225001
　　　　　(0514)85228081（总编办）　85228088（发行部）
　　　　　http://www.yzglpub.com　　E-mail:yzglss@163.com

| 印　刷 | 无锡市海得印务有限公司 |
| 装　订 | 无锡市西新印刷有限公司 |

开　本	889 毫米×1194 毫米　1/32
印　张	9.5
字　数	158 千字
版　次	2023 年 12 月第 1 版
印　次	2023 年 12 月第 1 次印刷
标准书号	ISBN 978-7-5554-2206-8
定　价	68.00 元

序　言

　　古籍是历史的记忆，是中华民族五千年文明的瑰宝。古籍整理工作，如同考古学家在沉默的古卷中寻找历史的痕迹，是一项充满敬畏与热爱的工作。党的二十大报告提出："健全现代文化产业体系和市场体系，实施重大文化产业项目带动战略。"2022 年 4 月，中办、国办印发《关于推进新时代古籍工作的意见》，极大地激发了古籍从业人员和地方史志工作人员的工作热情。2022 年 12 月，中共苏州市委办公室、苏州市人民政府办公室印发《关于推进新时代古籍工作的实施方案》，对提升古籍整理研究和编辑出版能力、挖掘阐释古籍时代价值等方面作出诸多阐释。

　　本次旧志整理工作从去年 10 月正式启动，在完成全区旧志情况摸排基础上，先确定点校两部旧志：一部乡镇志《〔康熙〕浒墅关志》（清人陈常夏修，孙珮纂辑，孙蕭续纂）和一部山水志《阳山志》（明人陆汝成撰）。后了解到《阳山新录》（明人顾元庆撰）已由苏州图书馆古籍保护中心孙中旺老师整理完成，故考虑将三本旧志合并出版，以提高效率，节约资源。通过摸排全区古籍整理专家资源库，最终确定《〔康熙〕浒墅关志》由钦瑞兴老师负责点校，《阳山志》由蒋卫荣老师负责点校，《阳山新录》由孙中旺老师负责点校，合力开展此项工作。整理时发现，《阳山新录》在《阳山志》中有部分重复（作为附录附在卷中之后），但因底本不同，两者原文有些许差别。考虑到保留古籍原貌，《阳山志》中的《阳山新录》未作删减，特此说明。

这本书是现在与过去的对白。透过古老的文字，我们看到苏州高新区的发展轨迹，感受到先人们的智慧和才情，也与他们一起体味对家乡的深沉热爱和无尽执着。书中收录的各类资料，无论是对于苏州高新区历史发展的研究学者，还是对于想要了解苏州高新区文化风貌和地方特色的普通读者，都有着极大的参考意义。这是一段充满情感和深意的记录，负载了我们的根和源，希冀每一位读者都能在这本书上找到那些关于家乡、关于生活、关于历史的共鸣。

苏州高新区（虎丘区）档案馆（地方志编纂中心）

2023 年 10 月 18 日

出版说明

　　浒墅关是设立于苏州浒墅的钞关，专门抽取过往船只商税，始设于明代，是明清两代重要的钞关。阳山在浒墅关西南，是苏州第二高峰。本书将有关浒墅关、阳山的重要文献《〔康熙〕浒墅关志》《阳山志》《阳山新录》汇为一编，以下分别简介。

　　浒墅关自明至清修志五次，明有嘉靖版（陈大咸撰）（蒋宗鲁撰）、万历版（王之都撰），清有康熙版（孙珮撰）、道光版（凌寿祺撰）。《〔康熙〕浒墅关志》，清吴县人孙珮纂。孙珮，字瑶仙，号鸣庵，生卒年不详，居专诸里，清康熙时吴县秀才，十试不中，究心经济，精于史志，时称三吴名宿。曾入史馆，纂修《苏州织造局志》。时人评说孙珮"名宿也，墨兵笔阵，横扫千人，十进棘闱而不得售，帖括之余，退而著书立说"。他在科举道路上失败后，留意搜集史料和地方文献，曾经参加过《〔康熙〕苏州府志》的编辑工作，编纂《〔康熙〕吴县志》。《〔康熙〕浒墅关志》成书于康熙十二年（1673），由关督陈常夏捐俸刻印。全书二十卷，卷前为图说，其他各卷为乡镇、山水、建置、管辖、钱钞、岁额、则例、榷部、员役、兵防、官署、义塾、祠院、神庙、桥梁、街堤、物产、风俗、人物、古迹，保存了明初以来有关浒墅关的大量资料，其中尤为珍贵的是经济史料。时人认为此志"典实而详明""精切而体要""条目画一，义例矜严"，对其评价较高。乾隆年间，吴县诸生孙鼐在孙珮所修《浒墅关志》基础上续纂关志，本次整理即以孙鼐续修本为底本，文中叙事最晚至乾隆四年。

《阳山志》，分上、中、下三卷，吴下（苏州）陆汝成（字子玉）纂，同邑陈礼锡（字中卿）、张景留（字石传）、徐养淳（字仲恬）校订。前有长洲陈仁锡、长洲钱位坤（字与立）二序。遗憾的是，全书并非完璧，缺中卷页九，下卷页二十九，下卷页三十一，尾部亦有缺损。内容大致按照山水景物与物产、文人题咏及山之碑文（部分属郡邑上呈或朝廷下达之公文）布设。书中保留了不少阳山地区的民间传说，如龙母冢、丁令威宅、丹井，以及吴王夫差冤杀公孙圣等。本次以明崇祯五年（1632）阅帆堂刊行本为底本整理。

《阳山新录》，明顾元庆、岳岱撰。顾元庆（1487—1565），字大有，号大石山人，明长洲（今属江苏苏州）人。以图书自娱，自经史以至丛说，多所纂述，与文徵明、王穉登辈友善。岳岱，字东伯，自称漳余子、秦余山人，明长洲（今属江苏苏州）人。能诗善画。明代中期，顾元庆隐居在阳山大石坞，岳岱卜居阳山白龙坞，两人比邻而居，志趣相合，经常一起在阳山寻古探幽，诗酒唱和。嘉靖十八年（1539）九月，顾元庆和岳岱二人自云泉庵出发，北至鸡笼山、甑山，东逾白墡岭，至礴山、澄照，南过耙石岭，西至净明寺，并登箭阙至文殊寺，最后回到岳岱的修绿山房。此次探访费时整整十天，在此期间，顾元庆对阳山的寺观、古迹、泉石等题咏十五首，岳岱逐一唱和，共得七言诗三十首，后编成《阳山新录》。卷前有顾元庆序，卷末有岳岱识，兼具文学价值和史料价值。本次以明嘉靖己亥（1539）顾氏大石山房刊本为底本整理，以存阳山典故。

　　本次整理，采用简体横排，繁体字、异体字改为规范简体字，对原书中明显的误字径改，全书加标点分段落，横式排版，以利今人阅读。另外，底本残缺、脱页之处，《〔康熙〕浒墅关志》据《〔道光〕浒墅关志》和上海图书馆藏《〔康熙〕浒墅关志》（前有陈常夏、硕罗、孙珮的序，非孙蕈续修本）补，《阳山志》据康熙三十二年（1693）陈应留重修《阳山志》补，并出注加以说明。

目 录

〔康熙〕浒墅关志

浒墅关志序 孙 珮 …………………………………… 3

浒墅关志序 刘 滋 …………………………………… 5

浒墅关志序 陈常夏 …………………………………… 7

纂辑姓氏 ……………………………………………… 9

原 目 ………………………………………………… 11

浒墅关司港官署之总图 ……………………………… 14

图 说 ………………………………………………… 16

卷之一 ………………………………………………… 17

　乡 镇 附疆域 ……………………………………… 17

　　浒墅近境 ………………………………………… 17

　　浒墅远境 ………………………………………… 18

卷之二 ………………………………………………… 19

　山 水 ……………………………………………… 19

卷之三 ………………………………………………… 25

　建 置 ……………………………………………… 25

　　元 ……………………………………………… 25

明 25

皇清 28

卷之四 31

　管　辖 31

　　明 31

　　　诸司职掌 31

　　　会典事例 32

　　　浒墅关管辖税课司局九处 32

　　　浒墅关管辖巡检司三处 34

　　　浒墅关管辖各港 35

　　　浒墅关管辖沿海四港 38

　　皇清 43

　　　浒墅关管辖巡检司三处 43

　　　浒墅关管辖八港 43

　　　浒墅关管辖三桥 51

　　　浒墅关管辖沿海四港 51

卷之五 54

　钱　钞 54

　　明 54

　　　诸司职掌 54

　　　会典事例 55

　　皇清 60

卷之六 ··· 63

岁　额 ··· 63

明 ·· 63

皇清 ·· 65

卷之七 ··· 72

则　例 ··· 72

明 ·· 72

会典事例 ··· 72

皇清 ·· 74

匿税律 ··· 74

条例 ··· 74

明 ·· 76

宣德年间则例 ··································· 76

嘉靖九年则例 ··································· 77

嘉靖二十五年则例 ····························· 78

万历年间则例 ··································· 79

崇祯五年则例 ··································· 82

皇清 ·· 84

顺治十二年梁头则例 ··························· 84

货物则例 ··· 86

卷之八 ··· 93

榷　部 ··· 93

　　明 ·· 93

　　皇清 ·· 109

卷之九 ··· 123

　员　役 委官人役 ····························· 123

　　明 ·· 123

　　皇清 ·· 125

　　明 ·· 127

　　皇清 ·· 129

卷之十 ··· 132

　兵　防 ·· 132

　　明 ·· 132

　　皇清 ·· 133

卷之十一 ··· 134

　官　署 ·· 134

卷之十二 ··· 141

　义　塾 附社学 ································· 141

　　义塾田 ·· 144

　　社学田 ·· 145

卷之十三 ··· 146

　祠　院 ·· 146

卷之十四 ··· 150

　神　庙 附寺观 ································· 150

卷之十五 …………………………………………… 157

　桥　梁 …………………………………………… 157

　　南境 …………………………………………… 157

　　北境 …………………………………………… 159

　　东境 …………………………………………… 160

　　西境 …………………………………………… 161

卷之十六 …………………………………………… 162

　街　堤 …………………………………………… 162

卷之十七 …………………………………………… 168

　物　产 …………………………………………… 168

卷之十八 …………………………………………… 171

　风　俗 …………………………………………… 171

卷之十九 …………………………………………… 173

　人　物 …………………………………………… 173

　　道学 …………………………………………… 173

　　文苑 …………………………………………… 173

　　孝弟 …………………………………………… 174

　　科目 …………………………………………… 175

　　高士 …………………………………………… 176

　　德望 …………………………………………… 177

　　功业 …………………………………………… 177

　　节妇 …………………………………………… 178

仙释 ·························· 178

卷之二十 ·························· 179

古　迹 附胜景、古墓 ·········· 179

阳山志

阳山志序 陈仁锡 ·················· 185

阳山志序 钱位坤 ·················· 187

阳山志卷上 ······················ 189

山之总叙 ························ 189

山之峰 ·························· 191

山之坡 ·························· 193

山之岭 ·························· 193

山之岩 ·························· 194

山之坞 ·························· 194

山之洞 ·························· 195

山之泉 ·························· 196

山之涧 ·························· 197

山之冈 ·························· 197

山之石 ·························· 197

山之亭轩 ························ 199

山之台 ·························· 200

山之院宇 ························ 200

山之托隐 ……………………………………………… 205

山之物产 ……………………………………………… 206

山之胜概 ……………………………………………… 209

山之旧事 ……………………………………………… 211

阳山志卷中 …………………………………………… 216

山之题咏 ……………………………………………… 216

澄照 ………………………………………………… 222

大石 ………………………………………………… 226

附　录 ………………………………………………… 237

附：顾元庆《阳山新录》 ……………………………… 239

附　录 …………………………………………… 245

阳山志卷下 …………………………………………… 248

山之碑文 ……………………………………………… 248

序阳山志后 陆汝成 ………………………………… 274

阳山新录

阳山新录 …………………………………………… 279

〔康熙〕浒墅关志

钦瑞兴　点校

浒墅关志序

　　浒之有乘也，自海阳陈公大咸始也。为之载笔者，长洲刑垣张公裕也。越数载，而普安蒋公宗鲁续其后。又越五十载，新城王公之都自为一书，其言港制甚悉。第不列款目，不援古昔，不载关课，失之太略。自此以还七十余年，榷斯关者类皆持筹不遑，算缗是问，即或留心乘载，转瞬瓜期，不克终事。

　　今上御极之八年，己酉，陕西黄公泰昇来榷浒，惧典故渐湮，以关乘属珮，会逼于复命，匆匆就道，事遂已。兹幸阁臣条奏天子，雅意修文，通行直省纂修通志，汇为《一统》。若郡若邑，靡不旁搜广览，考古证今，以成一代文献。斯诚车书会同、万国朝宗之日也。而苏郡志郡侯宁公董其事，公之守苏，廉以律己，严以驭下，礼以接士，惠以子民，治行允为第一，特于志乘尤加意焉。广征名流，分曹置局，共厘巨典，珮以师儒荐，专充邑乘，嗣又以邑侯吴公荐，赞充郡乘，乃考文恪王公旧志，仅载浒墅镇，而不载关，不免遗漏。珮因取前所纂关志，重加编辑。其首乡镇者，志关之所由设也。次山水者，志关之形胜也。

次建置者，志关之沿革也。次管辖者，防转越也。次钱钞、岁额、则例者，关课所必详也。次榷部者，姓氏宦迹未可泯也。次员役者，清丛弊也。次兵防者，重库藏也。次官署者，肃观瞻也。次义塾、祠院者，弘教化也。次神庙者，尊祀典也。次桥梁、街堤者，彰榷使之利济也。次物产、风俗者，所以别浒境也。次人物者，余杭降神多君子也。又次古迹而附义冢者，部使之德及于朽骸也。书成，图一，卷二十，献之宁公，转请榷部陈公为镌板计。公慨然曰：是余责也。遂蠲俸若干两，付之剞劂氏。工阅月告竣，用以编入郡乘，亦未必无小补，然自分固陋，无所知识，倘有背谬，适滋厥咎，敢以质之大君子。

康熙十二年癸丑十月既望，吴县学生孙珮拜撰。

浒墅关志序

予以康熙癸亥春抵任吴阊，有诸生孙子珮者，持其所辑吴县浒墅关两志，向予请叙，言予业于县志有赞辞矣。乃复阅其关志，因进孙子而询之曰：浒墅，苏之长邑一镇也，其地郡志邑志俱已有述，而奚以复为志？曰：志为关，非为镇也。曰：既为关志矣，溯关所由立，志建置可也；详关所统属，志管辖可也；计关所征输，志钱钞、志岁额、志则例可也。次其典是关者，则榷部可志；纪其临是关者，则官署可志；列其奔走是关、捍卫是关者，则员役、兵防可志。顾先及于乡镇山水，何也？曰：关由镇设，故先之。犹水木之由枝问本、自派寻源也。若山水则以其峙于斯，流于斯，为形胜于斯。从地理及人事，序应然也。曰：旁及于义塾、祠院、神庙、桥梁、街堤，则又何也？曰：义塾、祠院，关使者之所立，以劝学兴行也。祠庙，呵护于关，而关使者之所展礼也。桥梁、街堤，关使者之所往来，而且藉其力以成者居多也。曰：何以志物产、风俗也？曰：以在关之内，故附及之也。曰：志人物、古迹者何？曰：贤人君子，或前或后，关使者与稽与居，而孝子节妇亦其所表于闾、封于墓者也。榷政之暇，凭吊慨然，此古迹所由述，而并及义冢者，见其泽枯之余惠也。孙子应予毕，予乃取其书，反覆读之，不禁喟然叹曰：孙子之为此书，岂以矜淹雅、侈述作已哉！

是关也，通商办课之地，大利所在，大弊丛焉。孙子援古考今，勒为简策，其于可否得失、因革损益之数，盖详哉其言之矣，将使管榷政者一寓目而明若指掌，由其言以兴利祛弊，裕如也。况且朝廷敕谕、台垣奏章以及督抚禁示，罔不汇载，而于司港之制、巡讥之方，尤致详致慎焉。孙子之意概可知已，人以此书诩其文章，予以此书服其经济也。此固孙子之所不能自言，而予所推论出之也。

昔范文正公自作秀才时，即以天下为己任，其服中上书宰相曰：吾不以一人忧而忘天下。孙子之不匿其书以献之当事，盖此物此志也。孙子乎其闻文正之风而兴者乎？

康熙癸亥岁次梅月中浣，赐进士出身、文林郎、知吴县事刘滋敬题。

浒墅关志序

康熙癸丑，予奉简书来榷浒关，自秋徂冬，商舶寥寥，方惧课不及额，无以副考成，亦何暇博搜典故，为虎嘤续成纪载耶？乃者郡守宁公董修府志，以浒墅为东吴名镇，商税甲天下，府志所不容缺，贻书询关志者再。予考关志，昉自海阳陈公，明嘉靖中榷使也，迄今百有余年，无有继之而作者。方将访求淹雅之士，讨论编辑，以复宁公，已而知关志业有成书，为吴庠孙子珮所参定。乃礼致孙子，得其书，发而阅之，见其所稽核者典实而详明，裁定者精切而体要，条目画一，义例矜严，建置、管辖、钱钞、岁额、则例、榷部、员役、兵防、官署诸卷，固有关榷政，即乡镇、山水、义塾、祠院、神庙、桥梁、街堤、物产、风俗、人物、古迹诸卷，孰为榷使之所创建，孰为榷使之所题咏，网罗该洽，而又不失之繁芜，可谓有伦有脊矣。至其大要，尤必谨遵功令，凡朝廷敕谕、台谏奏章，无不昭然具载，仿佛涑水、庐陵史家之法。予即捐俸入属之梓氏，诚足以上佐国典，资镜文献，岂仅嘤关一乘令后世有所考据已哉？

康熙十二年阳月既望，督理浒墅钞关礼部祠祭清吏司主事频阳陈常夏临谷氏敬题。

纂辑姓氏

鉴定

总督江南江西等处地方文武事务兼理粮饷操江兵部尚书兼都察院右副都御史　于成龙

总理粮储提督军务巡抚江宁等处地方太子少师兵部尚书兼都察院右副都御史从一品加二级　慕天颜

总理粮储提督军务巡抚江宁等处地方都察院右副都御史　余国柱

江南江宁苏松常镇淮扬七府徐州一州承宣布政使司布政使加至正一品　丁思孔

江南江宁苏松常镇淮扬徐等处提刑按察使司按察使加一级　金镇

江南布政使司分守苏松常镇督粮道兼巡视漕河管理苏松地方事务按察使司副使加八级　刘鼎

提督江南通省学政　赵崙

督理浒墅钞关礼部祠祭清吏司主事　陈常夏

督理浒墅钞关礼部仪制清吏司员外郎　黄懋

提调

署分守苏松常道苏州府知府　宁云鹏

苏州府知府　赵禄星

监修

苏州府总捕同知　孙如龙

苏州府督粮同知　石文晟

苏州府海防同知　刘三杰

苏州府管粮通判　段鼎臣

苏州府长洲县知县　祝圣培

苏州府吴县知县　刘　滋

总裁

翰林院编修　沈世奕

纂辑

乡贡副榜　孙珮

参校

乡贡进士　宋实颖

翰林院编修　尤侗

溧水县学训导　吴愉

翰林院编修　钱中谐

礼部祠祭清吏司主事　申穟

翰林院编修　范必英

长洲县学增广生　蔡方炳

翰林院庶吉士　孙岳颁

继纂

吴县庠生　孙鼐

原　目

卷前

图说

卷之一

乡镇　附疆域

卷之二

山水

卷之三

建置

卷之四

管辖

卷之五

钱钞

卷之六

岁额

卷之七

则例

卷之八

榷部

卷之九

员役

卷之十

兵防

卷之十一

官署

卷之十二

义塾　附社学

卷之十三

祠院

卷之十四

神庙　附寺观

卷之十五

桥梁

卷之十六

街堤

卷之十七

土产

卷之十八

风俗

卷之十九

人物

卷之二十

古迹 附胜景、古墓

浒墅关司港

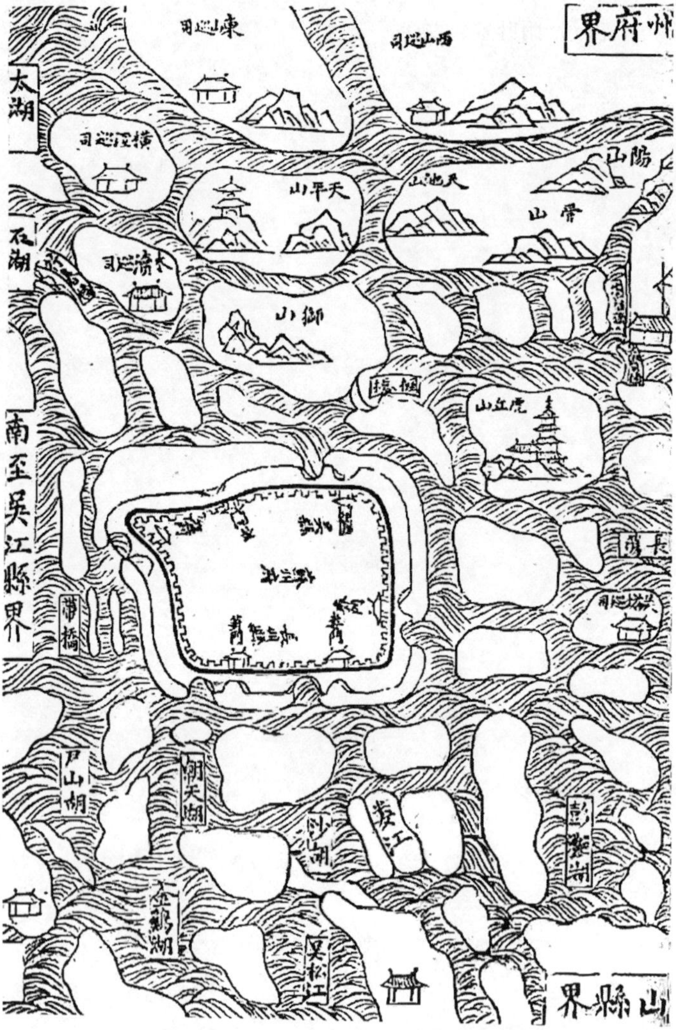

州府界
東山巡司
西山巡司
太湖
横涇巡司
天平山
天池山
陽山
帶山
石湖
木瀆巡司
獅山
虎丘山
南至吳江縣界
長洲
滸墅巡司
帶橋
尸山湖
朝天湖
沙湖
黄江
彭鎭湖
金鵝湖
吳松江
山縣界

官署之总图

图　说

　　凡志必有图，取罗处约《图经》之义也。图有总，亦有分，兹不图其分，而图其总者，何也？盖通都大邑，记载者不可穷，故图亦烦，然而具列浒长邑一隅，所重司港官署耳。汇为总图，了若指掌，奚事琐琐焉？

　　孙珮识。

卷之一

乡　镇 附疆域

志浒者志关，非志镇也。奚取乎乡镇而志之？然关由镇设，故首列焉。

浒墅镇在苏州府治西北，隶长洲县彭华乡，去郡二十五里，一名许市。《图经》云：秦始皇求吴王剑，发墓，见白虎蹲于丘上，逐之，西走二十五里，失剑不能得，地裂为池，因名其地曰虎疁。至吴越时，讳镠，因改名浒墅。按经义，水际为浒，野田为墅，从地势得名。

方回　过浒墅

太湖晚山雨，白鸟去冥冥。古冢多无后，荒祠岂有灵。异峰巉石骨，远树耸人形。兵革已苏息，废田蒲稗青。

浒墅近境

东距虎丘二十里。诗赋记序载《山水篇》。

西距阳山一十三里。诗赋记序载《山水篇》。

南距枫桥二十里。《豹隐纪谈》云：旧作封桥，后因张继诗相传作"枫"。

张继　咏枫桥

月落乌啼霜满天，江村渔火对愁眠。姑苏城外寒山寺，夜半钟声到客船。

北距望亭二十里。

白居易　望亭驿酬别周判官

何事出长洲，连宵饮不休。醒应难作别，欢渐少于愁。灯火穿村市，笙歌上驿楼。何言五十里，已不属苏州。

浒墅远境

东抵昆山县九十里。

西抵吴县二十里。

南抵吴江县六十里。

北抵无锡县七十里。

东北抵常熟县九十里。

卷之二

山　水

首志虎丘者，志虎嚜之所由名也。次志阳山者，志浒之所倚以为镇也。又次志白石诸山者，志诸山之环拱于浒也。志水先长荡者，志浒东境之险也。次志湖水之出于竹青石渎，白马涧之出于运河者，志众水之旋绕于浒也。如是而浒之山水尽矣。

虎丘山，在浒墅东南二十里。《吴越春秋》云：阖闾葬此，以扁诸、鱼肠剑各三千为殉。越三日，金精结为白虎，踞其上，故名。唐避讳改武丘。又名海涌峰，其最著者为剑池，两崖划开，中涵石泉，深不可测。相传秦王发阖闾墓，凿山求剑无所得，其凿处遂成深涧，今名剑池。颜真卿书"虎丘剑池"四字，石刻犹存。其前为千人坐，盖神僧竺道生讲经处。大石盘陀径亩，高下平衍，可坐千人。唐李阳冰篆书"生公讲台"四字，分刻四石，今失其一。台侧有点头石，上有可中亭，取刘禹锡诗语。又有白莲池，在台之左。相传说法时池生千叶莲花，故名。又有试剑石、憨憨泉、养鹤涧、回仙径、石井泉，泉即张又新所品第三泉也。晋王珣尝据为别墅。山下因有短簿祠。珣记云：虎丘大势四面周回，岭南则是山径，两面壁立，交林上合，蹊路下通，升降窈窕，不卒至。《吴地记》亦云：虎丘绝岩耸壑，茂林深篁，为江左丘壑之表。旧有东西寺，即王氏二墅，皆在山下。二寺久废，其他楼阁胜处不能悉载。

清远道士　同沈恭子游虎丘颜真卿刻其诗于岩际并有继作。

我本长殷周，遭罹历秦汉。四渎与五岳，名山尽幽窜。及此客区中，始有近峰玩。近峰何郁郁，平湖渺弥漫。吟挽川之阴，步上山之岸。山川共澄彻，光彩交凌乱。白云蓊欲归，青松忽消半。客去川鸟静，人来山鸟散。谷深中见日，崖幽晓非旦。闻子盛游遨，风流足词翰。嘉兹好松石，一言常累叹。勿谓余鬼神，欣君共幽赞。

刘禹锡　咏生公可中亭因此诗得名。

生公说法鬼神听，身后空堂夜不扃。高坐寂寥云漠漠，一方明月可中亭。

白居易　游虎丘

香刹看非远，祇园入始深。龙蟠松矫矫，玉立竹森森。怪石千僧坐，灵池一剑沉。海当亭两面，山在寺中心。酒熟凭花劝，诗成倩鸟吟。寄言轩冕客，此地好抽簪。

沈揆　咏第三泉

灵源一阕几经年，石上重流岂偶然。渐喜行春有幽事，人间初见第三泉。

上方高阁倚层峦，下有清泉一鉴寒。更作小亭供胜览，尽收吟思入毫端。

范成大　咏剑池

石罅泓渟剑气潜，谁将楼阁苦庄严。只知暖热游人眼，不道苍藤翠木嫌。

阳山，去浒墅镇一十三里。高八百五十余丈，逶迤二十余里，以其背阴面阳，故曰阳。一名秦余杭，一名万安。亦名四飞，以四面视之，势若飞动也。又以云气如炊，名蒸丘，亦名蒸山。大峰一十五，而箭缺为绝顶。相传秦皇射于此山，故其下有射渎。《战国策》云：越王以散卒三千禽夫差于干隧。今万安山有遂山，即其地也。箭缺下有文殊寺，寺内石井大旱不涸，有白龙洞，岭西有龙母冢，东北有白鹤山，以丁令威宅名。山产白墡，亦名白墡岭，又名白莲峰，以下有白莲寺也，今名澄照寺。其前有龙湫、白龙庙。自此一支东北过金芝岭曰管山，亦名罐山。其北大石涌出如莲花，有云泉庵。西为阳抱山。西北彭山、温山、圙山，皆近太湖。其北竹青塘。又北曰鸡笼山。又北曰甋山，山巅有七窍如瓦甋，故名。东南有象山，即福寿山，盘回不绝。至南爪山，过爬石岭而北曰北爪山。又徐侯山，在阳山西北十里，一名卑犹，一名徐枕。《吴越春秋》：越王乃葬吴王以礼于秦余杭山，卑犹即此也。其下有沈尤村，其西南出锦峰，南出玉遮。东南则凤现岭，为凤凰山。晋太康二年，掘得石凤，故名。又南为贺九岭，相传吴王于此庆贺重九，崖壁有"贺九岭"三大字。

王穉登　甃阳山箭缺路建浴日亭记

阳山去吴城一舍而近，亦名秦余杭，延袤二十余里，峰峦十有五，绝顶为箭阙。箭阙者，两石对峙，划然中开，可容数武，远望之若箭括。或云始皇射于此，殊不经。去地八百五十余丈，朝云则占雨，夕霞则占日，节然吴之镇也。

山高路仄，樵径孤悬，游者攀藤萝、践荆棘而上，骈不得并进，踝不得前却，蛇行则踬，鸟行则局，若扪参历井而登。登之即厉风烈日，无所休止。目未纵，领未引，而惙惙累息下矣。虽吴之好游者，十不能一二至，而况裹粮蹑屩之客哉！

所谓箭阙之胜，几没榛莽中，久之而后出者，则今鸿胪徐君少泉之力也。先是，鸿胪君卜寿藏于山之趾，望气测景，时时以苹籧上下其间，悯行者之崎岖，慨然捐锱粟，集工徒，刈草伐石，斫巉屼，削魂礌。逾白墡岭而南，易诘曲为坦途，去崄岨为夷行。甃为拾级盘旋，可陟可憩，使杖者不危，屦者不倾，为丈计者几与山之高相等。又虑登者之无所息也，乃建亭其颠。桄榔、槲栌、瓴甋之属，悉代以石，使风雨不能漂摇，鸟鼠不能穿穴。其中宽衍可盘礴，其外寥廓可眺览。沧溟在其东，具区在其西，左顾千雉，右盼群峰，兹亭所贮，宁有量乎！黄门张睿父先生颜之曰"浴日"，不言山而言水，水莫大于湖海，亭得其十七浴日之云，旨哉！

箭阙下文殊寺石壁数十寻，鸿胪君为重屋面之。其北有大石云泉庵，飞梁绝巘最胜，佛庐半圮，君又加葺治，丹青土木皆灿然。而后阳山之胜甲吴下，登高能赋之客，采真探奇之侣，负薪行歌之夫，踵相接于途，无不啧啧称鸿胪君。君之为德于此山岂浅哉！

高启　雨中过憩龙山

春云晻霭涧奔浑，风雨行人过一村。不似山家深竹里，乳鸠啼午未开门。

沈周　咏阳山

盘根既过，嵯巅亦块。自南而衍，自西而峙。支贯众峦，如父率子。魄庞灵长，气盛云靡。有望于吴，庶物滋是。

黄姬水　咏大石

千盘危磴践苔青，巨石浑疑仙至扃。绝巘登攀一长啸，岩前飞雾尽冥冥。

顾元庆　咏金芝岭昔产金芝，故名。上有神祠，对祠有亭，工巧莫敌。相传为公输子所制，今废。

不见金芝产，亭荒祠亦荒。行人恐日落，山鬼正踉跄。山多魍魉。

白石山，在浒墅北二里。《越绝书》云：故为胥女山，春申君初封吴，更今名。又云：其南有小蜀山，春申君客卫公子冢也。按《地理志》：白豸山，前临长荡，后迤漕河，"白豸"俗讹为"白石"。

长荡，自浒墅镇东北绕出于虎丘后之新塘桥，支港四通，势甚浩旷。

沈周　过长荡

发迹过长荡，识此平生始。春流方漫衍，旷荡靡十里。老葑蔽重云，敷芽青薿薿。正如一明镜，黢蚀铜绣起。西山欲流照，掩却螺髻美。山亦拗怒去，南走太湖涘。群势拥叠浪，争捷互排挤。我恐先我去，挥手喝止止。湖山四面好，转侧皆可喜。此面正佳绝，扁舟载西子。芳洲有隙地，宜卖脱紫绮。移家非丹砂，所好在山水。

太湖水，西出，经虎山桥、彭山崦，合金市之水，由竹青塘东出运河。竹青之水又分一支，从关后南绕，由崇福桥亦出运河。

射渎，相传吴王尝射于此，故名。亦名石渎。枫桥诸水北流，与虎丘山塘诸水会合于此。

白马涧，相传支道林饮马处，汇阳山诸泉，经白荡出运河。

卷之三

建　置

通计天下户、工两部，关桥一十有七，浒关居首，额最重，非他关可比。元抽分竹木于浒墅，明初亦抽分竹木诸物于浒墅，然皆名场而不名关。宣德间始称钞关，嗣后沿革不一。我朝亦屡更其制，固可按年而考者，乃次第书之。

元

至正间，置抽分竹木场于长洲县浒墅镇，分办于昆山太仓，凡客商往来货物，以多寡为制。

明

洪武初，设官置场于苏州府阊门、葑门、平望，抽分竹木、柴炭、茅草、芦柴等物，分办如故。寻以不便罢革，止设浒墅巡检司盘诘。及浒墅急递铺传致公移后，巡检司废，急递铺尚存。

永乐七年，差御史监生于各处收课衙门闸办课程。

宣德四年，令南京至北京沿河潹县、临清、济宁、徐州、淮安、扬州、上新河客商辏集处设立钞关，收船料钞。差御史及户部官照钞关法例监收船料钞，如隐匿及倚势不纳钞者，船没入官，犯人治罪，惟装载自己米粮薪刍及纳官物者免纳。浒墅钞关宜亦立于是年。

正统四年，令取回监收船钞，御史止令原设官员收管。是年又令原差收钞官取回。每船一百料纳钞四十贯。

六年，罢监收船料钞官。

景泰元年，户部尚书金濂建言，仍于浒墅添设钞关，以算商船料钞。是年，差主事二员，于湖广金沙洲、江西九江监收船钞，一年更代。每船一百料，纳钞十五贯。又差主事于苏、杭二府监收船料钞，亦一年更代。浒墅关专差部官监收船料钞始此。

六年，令河西务、临、淮、扬、苏、杭及九江金沙洲监收船钞，主事俱取回，令各府委佐贰官一员，每岁轮收。仍行各处巡河或巡按御史提督监管。

成化元年，令罢苏、杭、淮、扬、临清、九江、金沙洲等处收船料钞。浒墅钞关是年罢革。

三年，令苏、杭二府各委佐贰官监收船料钱钞。

四年，罢苏、杭、金沙洲、九江四处钞关。浒墅钞关是年罢革。

七年，复设九江、苏、杭二府钞关，各差主事一员监收船料钞。

八年，罢各处钞关差官，令府委官监收船料钞。浒墅关苏州府委官监收。至弘治五年止。

弘治六年，令商税止差主事监收，不必御史巡察。又令河西务、苏州、九江、临清钱粮多处，户部各差官一员，淮安、扬州、杭州钱粮少处，南京户部各差官一员，俱一年更代。自后，不许再委隔别衙门官员侵管，重复扰民。浒墅钞关自是额定差官监收。

十二年，主事赖先按法，船五尺以下，榷不及于闸，傍甃一石渠，名曰永通渠。止容不税小船过往，甚为民便。

嘉靖九年，令各钞关主事，凡遇差满，须待接管官员交代，方许离任。

三十五年，复罢苏州钞关差官，令府委官监收船料钞。

三十七年，户部复差主事监收船料钞，一年更代。

隆庆二年，各处钞关主事各铸给关防、撰给敕书，所属司局衙门等官，该关差满，备开贤否，送部咨送吏部考察。

万历二十九年，遣内侍榷税苏、松各郡，奸民投托，号曰司房，恣威渔猎，民不聊生。苏民葛成等倡义击之，罢市税，置税务于浒墅关北，抚按每季委四府内佐贰官监收，一地两关，税额繁重。

三十六年，吴中水灾异常，巡抚都御史周孔教请浒墅关课贮苏州府库，以备赈济。

泰昌元年，奉遗诏停革浒墅关北税务，商民更生。

皇清

顺治二年，照明例，差户部主事一员。

四年，各处钞关兼差满汉官二员，笔帖式一员。

九年，撤回满官一员，笔帖式一员，专差汉官一员。

十二年，科臣万达奏准，各关仍兼差满汉官二员，笔帖式一员。

十四年，撤回满官一员，笔帖式一员，止差汉官一员。

康熙元年，科臣赛音达礼奏准，各关仍兼差满汉官二员，笔帖式一员，六部轮遣。

四年，停止差遣官员，归并地方官员管理，苏松常分守道接任。

七年，裁汰道缺，归并府佐。

八年，科臣苏拜奏准，仍兼差满汉官二员，笔帖式一员，六部轮遣。

十二年，不论满汉，掣签差遣一员，笔帖式一员。

二十三年，户部议得：六部司官点前差遣外，查宗人府理事官、副理事官、主事，内阁侍读，起居注主事，此三衙门作一分差遣。兵部督捕郎中、员外郎、主事，太仆寺员外郎，此二衙门作一分差遣。理藩院郎中、员外郎、主事，大理寺寺正，光禄寺署正，此三衙门作一分差遣。以上八衙门与六部司官品级相同，照六部算俸差遣。查得户部、刑部、工部，此三部笔帖式俱一百有余，其吏部、礼部、兵部笔帖式共少，应归入宗人府等衙门作分差遣。吏科、国子监归入吏部内。鸿胪寺、太常寺、户科、中书科归入礼部内。銮仪卫、起居注归入兵部内。内阁、中书归入宗人府内。大理寺、光禄寺、礼科、兵科、詹事府、通政司、钦天监归入理藩院内。太仆寺、刑科、工科、翰林院归入督捕内。将伊等笔帖式亦按年分差遣。奉旨依议。

二十五年，内务府慎刑司郎中桑格修复永通渠，听小船往来，即便民桥也。未经题报，寻行闭塞。

二十六年九月，宗人府副理事官禅代建议移关无锡县，远近震恐。适巡抚都御史田雯自淮回苏，沿途呼吁，即发示安民，代知舆情未协，申覆督抚，自寝前议，致取宪驳。二十七年，刑部员外郎桑豪极陈移关不便，更张扰民。督抚允从，移关之议遂息。镇民建书院于崇福桥南，勒石颂德。

二十九年十月，吏部覆福建总督兴永朝疏：查礼部新定仪注，内开顺治十八年定例，副将见巡抚免批执，由中门进，至仪门外下马，巡抚檐下迎送。坐次：巡抚上坐，副将傍坐。文移：巡抚用照会，副将用咨呈。今各关监督与总督、巡抚相见及用文移之处，俱照副将与巡抚相见行文例行等语。今海关监督，竟用平行，不合，各罚俸一年，至笔帖式举动拟于使者，各降一级，罚俸一年。奉旨依议。

三十年，间差太仆寺少卿、鸿胪寺少卿等官。

三十一年，各关笔帖式照盐差事例，每关差遣二员。

五十五年，各关裁省笔帖式。

六十二年，浒墅关巡抚带理。

雍正二年，浒墅关苏州织造兼理。

卷之四

管　辖

关之有管辖也，榷政之所及也。吴为泽国，转越支河所在皆是。明景泰改元，立关即设司港，讥之不免过密。厥后厘定三司八港三桥及沿海四港之制，其立法最善。至税课司局，裁革已久，存之以备稽考。

明

诸司职掌

凡府州县税课司局、河泊所，岁办商税、鱼课并引由、契本等项课程，已有定额。其办课衙门所办钱钞、金银、布绢等物，不动原封，年终具印信文解，明白分豁存留起解数目，解赴所管州县。其州县转解于府，府解布政司，布政司通类委官起解，于次年三月到京。本部将解到金银、钱钞、布绢等物不动原封，照依来文分豁明白，札付该库交收。出给印信长单及具手本，关领勘合，回部照数填写，责付原解官收执，将所解物件同原领长单并勘合于内府，各门照进。

且如铜钱、布匹，赴甲字库交纳；钞锭，广惠库交纳；金银、绢匹，承运库交纳。其勘合，既于各门照进收讫，就于长单后批写日收数目，用印钤盖，仍付原解官赍付本部，告缴立案，附卷备照，仍令该部主事厅于原解官差批内，将实收过数目批回，候进课毕日，将已解并存，用课数通行比对原额，如有亏兑，照依所亏数目具本奏闻，类行各司府州县着落办课衙门，经该官吏人等追理足备，差人解赴京库交纳。

会典事例

洪武二十三年，榜谕各处税课司局巡拦，令计所办额课日逐巡办，收于司局，按季交与官攒，出给印信收票，不许官攒侵欺，致令巡拦赔纳，违者治以重罪。

永乐八年，令内外税课司局、河泊所等衙门，该收课程钞，不问一十文至五十文，一百文至五百文，皆照旧收。其买卖行驶亦不许阻滞。

宣德四年，令各处买卖之家门摊课钞，按月于各该税课司局交纳，给与由帖执照，每月一次，点视查考，如违期不纳及隐瞒不报者，依律治罪。

浒墅关管辖税课司局九处

苏州府税课司

在大街周太保桥北西向，洪武初建。职制大使一员，司吏一名，巡拦四名。

吴县税课局

在阊门接官亭西，吴元年建，洪武十九年毁，二十年重建。职制大使一员，司吏一名，巡拦四名。

长洲县税课局

在葑门外马路西，洪武初建。职制大使一员，司吏一名，巡拦四名。

常熟县税课局

在县治西南琴川桥下，洪武初建。职制大使一员，司吏一名，巡拦四名。

吴江县税课局

先在城隍庙东，洪武元年建，二年移县治东仙里桥南。职制大使一员，司吏一名，巡拦四名。

吴江县同里税课局

在县治东十六里二十六都，洪武初建。职制大使一员，司吏一名，巡拦四名。

嘉定县税课局

在县西广平桥，吴元年建，洪武四年重建。职制大使一员，司吏一名，巡拦四名。

太仓州税课局

在海宁寺前，即元之旧，吴元年重建。先为昆山州税课局，弘治十六年建太仓州，改为太仓州税课局。子局五处，一在城内，四在石浦、安亭、兵墟、茜泾镇上。职制大使一员，司吏一名，巡拦四名。

崇明县税课局

在县治西城东北隅，洪武元年建。职制大使一员，司吏一名，巡拦四名。

已上税课司局九处，每月将日收课钞造报浒墅关分司，年终类奏。弘治十六年，奉例裁革崇明县，嘉靖十五年，奉例裁革吴江县，同里自后相继罢革。

浒墅关管辖巡检司三处

望亭巡检司

在长洲县北五十里，离关二十里，旧为驿。先名御亭，唐李袭为守，以梁庾肩吾诗改称望亭。明为巡检司。职制巡检一员，典吏一名，弓兵三十名。

吴塔巡检司

在长洲县北齐门外十五里，离关三十里，旧在吴塔，后移蠡口，管阊门下塘、山塘并娄、齐二门外。职制巡检一员，典吏一名，弓兵三十名。

木渎巡检司

在吴县西南二十七里木渎镇，离关六十里，管阊、胥、盘三门外木渎、横塘、新郭三镇。职制巡检一员，典吏一名，弓兵三十名。

户部主事王之都　三司说

之都谨按，三司隶本部分司差遣，提督每月填报，循环稽考，经过船只详载《关志》如旧。惟各司弓兵四名，前任主事董以本司听用人役听候别衙门比较，不惟误事，抑且非体。遂行文长、吴二县，革去弓兵名色，改为快手人役，本司自处工食，免行金解，甚为便益。因详考三司，望亭面临大河，东通长荡，西连太湖，况本地放生池港口最为冲巨，奸宄多有，欺隐易生，万一把守非人，光棍之包送越转，各役之盘诘索诈，弊皆不免，上下均之受害。吴塔司，旧名也，今移蠡口，亦名蠡口港，东通常熟、江阴，南通苏、松冲，虽次于望亭，弊则易为隐匿，盖望亭居本关上流，往来经由耳目较近。蠡口则僻，设于本关之东南，更易作弊，察之尤不可不严也。若木渎，东通吴门，西通太湖，时有浙船往来，较之前二司稍称简僻。总之，严禁弓兵之索扰，缉获奸盗之恣横，则当责之巡检，而劝惩特加，以示激励之意，则本部分司当留意焉。

已上三司，巡检职掌盘诘查捕，隶浒墅关分司差遣。提督每月填报，循环稽考经过船只。巡检司督同典吏、弓兵、总甲、栅夫公同验放。如无本部印信、由票及不明开"进港"字样，与梁头丈尺不合者，即将人船拿解赴部，按律治罪。

浒墅关管辖各港

放生池港有望亭巡检司。

离关二十里，东南通黄埭蠡口，分投各州县地方港口，西北通官河。

蠡口大港有吴塔巡检司。

离关三十里，北通常熟县等处地方，南至齐门、娄门，分投各县地方，西通黄埭望亭官河。

木渎大港有木渎巡检司。

离关六十里，东南通吴县，分投各处港口，西北通太湖、小渲、下埠等港。

竹青塘桥港

在本关北，西南通光福、太湖等港，东北通官河。

龙华桥港

在本关东北，东南通长荡等处，西北通官河。

胡匠桥港

在本关东北，东南通长荡，分投各处港口，西北通官河。

张家桥港即赵王泾桥，后重建，更名崇福桥。

在本关南，西通小港，关后可通船只。

新塘桥港

离关二十里，东南通各县港口，西北通官河。

黄埭大港

离关三十里，东南通蠡口，分投各州县地方港口，西北通官河。

新桥港

离关二十里，西北通各乡镇港，东北通官河。

射渎桥港

离关十里，西南通太湖，东北通官河。

枫桥镇港

离关二十里。

板桥港

离关二十里。

凤凰桥港

离关二十五里。

柏渎大港

离关七十里，东北通常熟，北通江阴，南通官河，西通太湖、小渲等港，北通官河。

转水河港

离关七十里，东通常熟，北通江阴，南通官河，西通太湖、小渲等港。

小渲大港

离关八十里，东北通无锡等县官河，西南通太湖、宜兴等处大港。

大渲大港

离关九十里，东北通无锡县，西南通太湖。

下埠港

离关九十里，西通太湖，东通官河，北通乌溪，南通大渲、小渲等港。

乌溪港

离关一百八十里，西通太湖，东通官河，北通宜兴县各港口，南通下埠、大渲、小渲等港。地滨太湖，最为险远，久经坝断。

已上各港俱立木栅，设总甲、栅夫看守。本关各给与印信文簿。如遇船只进港，随即登记，每五日赴司查对比较。如有漏越等弊，即拿人船到关，依律治罪。万历间，以各港烦密，止留放生池、蠡口、木渎、竹青塘、龙华桥、张家桥、转水、柏渎、大渲、下埠、乌溪八港，余俱裁革。竹青塘、龙华桥、张家桥三港，主事王之都旧志开载，编派本镇居民轮守。

浒墅关管辖沿海四港

吴淞港

离关三百余里，南通大海，东通大洋，北通北海，海船南来第一港门。委官一员，书办一名，每季更换。上海小东门员役在此发单，凡货船收港七十里至淞江府，内通属县；该府南与浙省杭、嘉、湖三府接壤，北通苏州府界。

户部主事李缙徵　行吴淞水营檄崇祯四年。

为关政事。照得吴淞港通商便旅，其来诚久。本部以地方遥远，难以稽考，合行知会。为此票仰本官，凡有商船进港出港，即查有无官单，曾否上料。如有官单，方准放行。如无料票，明系卖放，即便严拿船户并守港铺家，解部重究。

刘河港

离关二百余里，南通大海，东与崇明县相对，隔海面百余里，北通北海，海船南来第二港门。委官一员，书办一名，每季更换。刘河所该港口有堡一座，驻札游击官兵，十里至天妃宫，又六十里至太仓州，此二处乃员役发单之所。南通盐铁河，三十六里到嘉定县。西来三十六里至昆山县。又七十里至苏州府娄、齐一带，名曰娄河。

户部主事李缙徵　刘河海船定例榜崇祯四年。

为奉札酌定海船则例事。本部遵奉札付，开刘河以便商，恐船户与铺家相通漏料，特谕铺家金赞等一十四名，公议则例，呈部明示。写海船、铺家共为遵守，不得以远而难稽，致行漏料，每月二十日按簿比较，定例四条开示于后：

一、江阴、靖江、太仓、通州等沙船在瓜州、镇江装载货物，契写苏州交卸，行至刘河港口停泊。本船上料讫，方许进港赴游击府挂号，俱纳大料。

一、上江船，湖州、洞庭骡子头等船，原船原货本关上料，方进刘河挂号，苏杭发卖，俱大料。

一、提江瓜州、江都、太兴、丹徒、镇江、江阴、靖江等船装载货物，写至刘河交卸，苏州等处剥船，本关上纳大料，方许装载提江本船货物。

一、转海沙船在于宁波装载闽浙货物，装至福山港口，先纳大料，方雇小船剥装，小船另自纳料。

白茆港

离关一百五十里，南系大海，东与崇明县县后沙对过，隔大海面。北通北海。立夏以后，小满以前，有沙船往北海通州，装载鲞鱼，因北海之便多收本港。部差员役印给号簿、单票，亦照刘河等港事例，在彼发单，赴关上料。三十里到芝塘镇，又三十里至常熟县，又九十里到苏州，福山港水浅，货船俱收本港。

福山港

离关一百二十余里，南通南海，东与狼山对过，隔大海面。北通北海。凡江北通、泰二州船来，一潮可到。委官一员，或巡司带管书办一名，逐季更换。万历三十二年，主事王之都令本地居民打造剥船，候海船一到，分投装载。差去员役验船发单，赴关上料，立剥船、艖船、埠头各一名，置造梢牌编给各该船户执照，毋论艖船、剥船，凡在港撑驾者，计其梁头大小，酌定料银数目。每月完料一次，任从装载往来。

户部主事王之都　奉札续置福山港艖、剥船梢牌

为稽查奸弊以肃关政事。本年二月初三日奉大堂札付，该本部议详港门兴革缘由，前事奉批，本关所议港门兴革事宜，诚于关政有裨，依拟福山港大剥船每月定料银四钱五分，小剥船每月定料银二钱五分五，六尺艎船每梁头一尺者，每月定料银一钱，计尺递增。完过料银，给发梢牌，任凭装载，永为定规。奉此牌，仰艎、剥船户知悉，如无梢牌在港装者，许诸人捉拿送部，以凭重究，仍遵照钦旨，船没入官；此船如遇装货经过本关者，免讨筹票，免上料银，验牌径行。

　　已上四港，设自万历初年，部委官吏在彼处发单，赴关上料。该港光棍私通卖放，隐瞒梁头，甚有结党邀接，不容任客投牙。万历三十二年，主事王之都檄行吴淞等四港，凡卖放及隐瞒梁头者，照例船没入官，犯人治罪。

户部主事王之都　总论漕海湖三道图说

　　之都谨按舆图，苏、松、常、镇四府总为江海一脉，分为流派各支，镇江上流，地势高埠，常州渐下，至新桥等处，西受太湖之水，盖以无锡上下诸港与太湖通，经由浒墅，会于姑苏，注于松江之吴淞诸港入海，其间流派不可缕悉，而大要有三：由镇江、丹阳、奔牛、常州、无锡、浒墅、姑苏为漕道；由镇江、孟河、靖江、江阴、福山、刘河、吴淞为海道；由丹阳七里桥等处，由常州三里庵等处，由无锡西定桥等处，俱西连太湖，与嘉兴、湖州等处通为湖道。盖漕河以江水为经而南下，以湖水为纬而东下，斟酌盈虚，疏通脉络。地势水势相称，无干溢不均之患；

上流下流相接，无壅滞不通之虞。界画绣错，胪列棋分，天地文章，莫大乎是，此所为江南之奇也。夫天下之弊，莫大乎不均与不通也者，不均则不和，不通则不行，不和不行，变可胜道哉？乃江以南，则原自均自通也，其有不均不通者，则起于人情之私、人事之扰，而牵挽之，而阻抑之也。

之都尝备询船商等，如所称，大河中有假冒盘诘、强梁挟诈、牙侩抑勒、津渡刁难、众大凌暴，种种不一。自大河以西之三里庵、七市堰、丁市堰、花渎、普济、白家等桥，入而为乌溪、定化、兰后、沙塘、后河、赵庄、黄渡、渚渡、柏渎、下埠、蠡港等港，又西定桥、进桥，入而为马陵、烂泥、青石桥等港，此皆入湖支流，无官府之制，擅拦放之权，而太湖之中，尤有不可易言者。自大河以东，有长荡旷野出入新塘桥、放生池、柏渎、转水河等港。九月、十月间，镇江下闸，各船俱由孟河下江转东河大塘，自张泾桥起通大河、陈市、唐市，由常熟、昆山等处出入靖江、江阴等处，东与海道通，此皆近海之支流，乘越转之便，启包送之门，而大海之中，尤有不可易言者。夫流水之行地也，犹支节脉理之在人身也。人身支节脉理，或阴阳偏胜，或壅滞弗调，则病不可言。故为地方水道计者，勿使之不均不通而已矣。则夫顺利导之便，察蓄泄之宜，均出入之途，决往来之梗，俾融融一脉，沛然大行，浩浩长波，直达上国，司榷者与有责焉。

皇清

浒墅关管辖巡检司三处

望亭巡检司在长洲县。

经制巡检一员，攒典一名，弓兵十二名。

吴塔巡检司在长洲县蠡口。

经制巡检一员，攒典一名，弓兵十二名。

木渎巡检司在吴县。

经制巡检一员，攒典一名，弓兵十二名。

已上三司巡检职专盘诘察捕，照旧隶浒墅关分司差遣，提督稽考经过船只。

浒墅关管辖八港

放生池港在长洲县，居民鲜少，内通长荡，为漏越径路。

蠡口港在长洲县北，有阳城河，南北往来货艘可潜越常熟官渎等处。

吴、长洲、常熟县奉总督、巡抚部院常、吴禁蠡口港白拉横扰碑略康熙五十七年。

吴、长洲、常熟县杨、许、马为白拉横扰民业日困等事。奉苏州府正堂梁牌，奉布政使司杨宪牌开，奉巡抚都察院吴批，该本府申详，常熟县土产棉布从无税例，白拉棍徒冒巡滋扰，以致店牙张元仁等屡呈妨业。行据长、吴、常

三县会议，巡查原有定界，娄、齐内地实非应巡之所，至
蠡口设港，系稽查浒关北来华荡漏越，非为常熟而设，详
请勒石永禁缘由，奉批：仰布政司查明饬禁，仍候督部院
批示缴。等因到司。奉此，为查小民关内贸易，并无投税
之例，白拉扰害村镇，殊干法纪。奉批前因，除经出示晓
谕外，仰府即便查明，勒石永禁，取碑摹申送。嗣后常熟
县居民在于关内贸易棉布，听其往来，毋许奸徒冒巡滋扰，
倘有仍前诈害致妨民业者，即行严拿杖毙，各宜凛遵等因
到府，备行仰县奉此。又奉布政司批：如详勒石永禁，仍
候督抚二院批示缴等因。又奉本府牌，奉总督部院常批，
如详勒石永禁，取具碑摹报查，仍候抚都院批示缴等因。
又奉江苏督粮道李批：仰候院司批示录报缴各等因。奉批
案查。先奉本府批：据长、吴两县布铺张元仁、常熟县布
牙薛大宗等连名呈请，刊禁以杜白拉冒巡扰害等情。奉批
会同确查，随经长、吴、常三县会详，本府转详加看。内
开：该本府覆查，常熟原与郡属连界，地产棉布，编民藉
以资生，牙铺赖以贸易，向无税例。从前有等白拉冒巡扰
害，奉禁年久，近复法弛，棍徒借巡滋扰，所以店牙张元
仁、薛大宗等因妨民业，屡呈请禁行。据长洲、吴县、常
熟三邑会查明白，覆请通详永禁。职府伏查榷税原有定例，
土产棉布，自非应税之物，而巡查向有定界。娄、齐内地
实非应巡之所，至查蠡口设港，原为稽察浒关北来华荡漏

越，非为常邑而设。据请刊勒垂禁，查无妨于关政，实有裨于民生，拟合据情通详上宪俯准勒禁，以垂永久，俾民业得安，感颂宪仁罔极等由。通详各宪，奉饬前因，合行勒石严禁。为此碑谕本郡布业店牙及该图地方人等知悉，嗣后贩卖常熟土产棉布至苏内地往来贸易，各从民便，毋许冒巡滋害。如有棍徒仍前诈扰，有妨民业者，许即扭禀赴县，以凭严拿，解宪究处，决不姑贷。须至碑者。

总督部堂那批　将原禁常熟土产棉布白拉滋扰碑文入志略乾隆四年。

长洲、元和、吴县、常熟、昭文五县为碑湮害萌，善政终弛，吁宪饬行入志以安民业事。奉本府牌，奉署布政司孔转，奉总督部堂那批，本署司呈详：布业牙人张元仁、王汉宣等具呈，常熟土布贩苏发卖，路不由关，向无税例，碑禁有案，近因碑湮，请刊入志一案缘由。奉批：既据查明，常熟所产布匹，载苏发卖，实为浒关内地南货南行，自非应税之物。前经碑禁，该县勘明，字迹模糊，请照木渎之例载入志乘，以垂永久。如详即抄录旧刻碑文，并木渎载入原志，一并通详核夺饬遵缴等因到司。行府仰县遵照宪批抄录碑文，并木渎载入原志，一并详府，转请通详饬遵等因，并抄奉司看。内开：本署司看得布业牙人张元仁等具呈，常熟土布贩苏发卖，路不由关，向无税例，碑禁有案，近因碑湮，请刊入志一案，奉宪批司查案议详等因，遵行苏府并长、元等各县查详去后，复又饬催。兹据该府详覆前情，本署司覆查，常、昭出产棉布，店民负贩官塘至苏，向有白拉冒巡滋扰，当于康熙五十七年间查议详，奉前宪批饬，勒碑永禁在案。今因碑湮，而白拉棍徒仍复冒巡滋扰，是以张元仁等赴宪辕具呈，奉批前因。切查常熟至苏七十余里，所产布匹载苏发卖，实属浒关内地南货南行，自非应税之物，即吴塔、蠡口原为稽察北来华荡等处漏越，非为常邑土产而设。前虽碑禁，今据长邑勘明，碑石剥损，字迹模糊，据情循照木渎之例，载入志乘，以垂永久，是属妥协。缘奉批查事理相应据详，伏候宪台鉴夺批示饬遵各因。奉此遵将前奉宪饬碑文刊载，并宪饬入志略由，一并载焉。

木渎港在吴县，僻处西南，非转越路，巡抚都御史韩世琦、马祜禁革港差，责令巡检司稽查。

巡抚都御史韩世琦　禁木渎港差示碑略康熙六年。

江宁巡抚都察院韩为违宪私征，妨农误榷，吁天禁革勒石事。据苏州府署印督关通判吴呈详前事，内称奉本部院批，据木渎镇粮里词称，木渎镇一隅乡僻，并非孔道，何藉冗差，迩来奸究拦截山塘，炙诈经年，吁宪示禁，敕府勒石等情，奉批：仰苏州府严查报，仍候示禁。奉此看得木渎镇乡僻偏隅，先年关部道宪设有差官以防转漏，并非稽及土产日用等物，不意迩来概行搜查，卑职凛遵宪批，随经出示严禁外，但查旧例，原无各项差役，专责巡司稽报，相应责令巡司查照往例，从公稽察，按月取具，不致漏税，甘罪印结呈查等情，详覆前来。据此除经批府革逐蠹役，其转关货船查照往例，行令该巡检从公稽察，仍候给示禁饬缴去后为照。木渎地方既属乡僻，何得滥差？合再出示禁饬，为此示谕木渎镇地方官民人等知悉，差役业已革逐，嗣后凡民间日用等类农船小艇，听其乡城往来，如有蠹棍再行拦截需索者，许该地方人等擒赴辕门喊告，以凭重处。若有转关货船，该巡司从公稽察，敢有故违，定行一并参究。特示。

巡抚都御史马祐　禁木渎港差示碑略康熙十一年。

江宁巡抚都察院马为永革木渎港差，以杜白拉诈扰事。照得木渎一镇，原属乡僻，唯洞庭出产蔬果，以及本地所出糟酒米布等类，入城发卖，民间日用常物，例不抽税。又该镇贸易客货悉从南濠枫桥转贩，已在浒关纳料，例不重科。惟虑转关货船，故有责成巡检稽查之例，向因地棍钻营，差港前院韩革逐，勒石永禁。转关货船照例令巡检稽察在案，乃日久玩弛，本院先经通行，出示严禁。旋据镇民呈县转申前来，本院复经批行，藩司转行府县确查。据称应将木渎港差严加革逐，勒石永禁。至转关货船，责成巡检稽查，详覆前来，除批行该司如详禁逐，仍移该关永革外，合行出示晓谕，为此仰木渎镇地方官民人等知悉。

浒关港差本院已经移行永革，嗣后凡民间土产日用以及枫
濠转贩煤豆等类，农庄小艇，听其乡城往来贸易，不许征
税。如有蠹棍白拉拦截需索，许被害人等协同地方擒解究
治。若有转关船只，仍责该巡司稽察申解，该关如有故违，
定行参拿治罪。须至示者。

柏渎港在无锡县。

转水河港在无锡县，通常熟等处，例应稽查，惟三里桥、高桥内
有堰桥、青阳、石撞、璜塘四处在转水港北，北货北卸，从不起税，历
经总督郎廷佐、巡抚马祜，守道安世鼎、刘鼎，主事陈常夏勒石永禁。

无锡县奉总督都御史郎廷佐　禁白拉越诈示碑略顺治十
八年。

无锡县陈为假税飞噆事。奉署常镇兵备道事、常州府
正堂赵，奉前任巡按御史马为蠹害水陆并行越诈商民事，
又蒙督关户部郭为积蠹瞒官飞敛事，又蒙督关户部李为申
饬关政以杜诈冒事，又奉总督部院郎批，该本道呈详禁止
白拉越诈私税缘由，奉批：该道勒石严禁，嗣后如有此等，
该地方拿解重治，以杜民害可也。奉此，案照先奉本部院
郎批，据薛符楚、范君元等呈词，前事奉批，仰常镇道查
明速报，奉此随行常防官查究去后，续据厅详前来，该本
道覆看得江阴之青阳、石撞、堰桥、璜塘四镇，距关二百
余里，而关以北，诚恐漏税，复设红船于转水、柏渎二处
以讥之，立法亦既周密矣。乃有棍徒窥青阳、石撞、堰桥、

璜塘等处，系产布之乡，有常州一带花米豆麦，前来贸易，即指漏税，诈害商民。是以前蒙按宪之访拿，后有关政之碑禁，近准督关户部李颁发各镇告示，内开：米麦花豆等货，不经转水港者，听其往来自便。本部亦从未差人巡缉，如有仍前假冒关役骚扰，即系白拉，许该地方协拿解部移送府道究处。申禁甚明，则知各镇自无漏税之客货，自无烦差役之稽查，请乞批示勒石等因，具详奉批前因，合行勒石示禁。为此仰地方人等知悉：凡遇港役及白拉越诈，许即擒拿解道，转解本部院，按律惩治。嗣后关役永不许越境生事，如违，一体治罪不贷。

礼部主事陈常夏　禁白拉越诈示碑略康熙十二年。

督理浒墅钞关礼部陈为宪禁已勒千秋等事。据无锡县申文内开，高鲁、堰桥镇居民范陆瑞等呈称，瑞等住居高鲁、堰桥、石撞等处，俱属江锡隔界地方，绝非南北通津，所有日用花米布匹等船，或从武进之璜林、戚墅堰东行，或从本邑之高桥、三里桥进口，与柏渎、转水二港远不相及，不料有快船直入乡村遍查，伏乞申请关部给示禁缉等情，控县据实直陈等因到部，据此为照，本关恐有支河越漏，是以责成港差稽察。至高鲁、堰桥、石撞地方，既非越关私道，土产又非商贩，岂容白拉巡扰，合行严禁。为此仰地方人等，嗣后如有白拉驾船诈扰者，协拿解部，重究不贷。

督粮道刘鼎　奉督抚部院严禁白拉诈扰示碑略康熙二十
二年。

督粮道刘为再陈白拉扰民之害等事。奉总督部院于批
详，白拉假冒巡查，扰害地方，深属不法，嗣后如越界生
事者，无论真伪，即行拿解，以凭从重究治，如详勒石永
禁可也。先于康熙二十一年五月，奉抚院余批，江阴、无
锡两县乡民刘思忠、范元绪等呈，刊禁转水港口；又先于
康熙二十一年三月，奉督院阿批，详于《关志》额定之所，
勒石严禁，如有越界扰民者，擒解本部院，按光棍律重处。
须至碑者。

理藩院郎中伊道　禁白拉越诈示碑略康熙二十九年。

督理浒墅钞关理藩院伊为严白拉冒关巡扰，以安民生
事。据江阴县士民刘尔鼎等呈称，锡邑高桥，系江邑出路，
华墅等镇居民买办日用，必过桥下，遭白拉蠹棍驾双橹快
船，诡称巡查，潜泊四河镇，见有船只，屡为抢诈。部宪
莅任，悉照三司八港旧制稽查，但无碑文，不能垂久，乞
勒示严禁，竖立高桥、四河镇，续在《关志》等情前来，
据此照得白拉为害，久已访闻。倘有仍驾双橹快船在四河
镇、高桥一带假冒关差，遇有乡民载运土产，抢夺炙诈，
许协擒解部，处死不贷。按，明季江阴知县岑之豹申详抚按，革除
江阴黄田港鱼税，港口既革，青阳、石撞等处，例不稽查。本朝督抚司
道关部禁碑载入《关志》，其抚院马祜、守道安世鼎、无锡知县曾子驹碑

记事复文繁，不及备载。

大渲港在无锡县，直通太湖，与下埠各港俱有提湖船在湖剥货，向经严禁。

下埠港在武进县，地滨太湖，与乌溪同禁。

乌溪港在宜兴县出口，四十五里到湖州，与定化、双桥、吕渎、卫渎等港滨湖险远，漏越者莫能禁止，久经坝禁。

已上八港，乌溪港明季坝禁，木渎港本朝专责巡检司，其堰桥、青阳、石撞、璜塘、寺头等镇，因在转水港北，例禁白拉查扰。六港照旧设役看守，如有漏越等弊，即拿人船到关，依例治罪。蠡口至常熟，常熟至江阴，有优免船、油船往来，为亏课弊薮，康熙十五年工部主事高璜禁止。

浒墅关管辖三桥

竹青塘桥在关北，稽查北来船只。

张家桥在关南，稽查南来船只。

龙华桥在关东，内通长荡，与竹青、张家两桥一体稽查。

已上三桥，设栅夫，看守作弊，按律治罪。

浒墅关管辖沿海四港

吴淞港在嘉定县。

旧例，浒墅关委官役，在上海小东门发单上料。顺治初即严海禁，至十三年，片版不容入海，旧例遂停。康熙二十三年，海禁渐弛，许民入海贸易。

刘河港在太仓州。

旧例，浒墅关委官役，在刘河所发单上料，货船较吴淞为多。顺治初，即严海禁，至十三年，片版不容入海，旧例遂停。康熙二十三年，海禁渐弛，许民入海贸易。

白茆港在常熟县。

旧例，浒墅关委官役照刘河事例，在彼处发单上料。明季本港淤塞，几成平陆。至康熙二十年，巡抚都御史慕天颜奏请开浚如旧，可通货艘。

福山港在常熟县。

旧例，浒墅关或委官吏，或委巡司，一俟海船到日，即令剥船装载货物，发单赴关上料。北有徐六泾、鹿苑、西洋三口，俱系福山支港，徐六泾旧设攒典一名，鹿苑、西洋各设埠头一名。自海禁森严，与吴淞、刘河一例坝禁，通、泰等船不得入港剥载。止有内地小船赴福山上料者，名曰走单，弊端滋起。嗣后罢复不常。康熙二十年，任家港至福山港设官渡装货，员外郎鹗屯呈部收料。二十三年，海禁渐弛，海船货物浒墅关照旧发单上料。

已上四港设于万历初年，相沿已久。主事王之都、李缙徵《图说则例》载在旧志，历历可考。自顺治初年，海氛未靖，即严海禁。十三年，片版不容入海，其法愈严，四港通禁。康熙二十三年，海禁已弛，许民入海贸易。

巡船二只，名曰红船。明嘉靖二十二年，主事董子策建置，以防转越，今仍旧制。

谨按，三司八港，本关三桥，沿海四港，皆旧制也。乌溪之坝，以地险也；木渎之禁，以地僻也。其他各港，设守设巡如故。无锡、江阴、常熟各县俱有督抚宪示，止禁白拉越诈土产，非许奸民漏越客货也。止禁运河村镇不得违例诈扰，非许转越径路，竟得载货往来也。即如长洲县之吴塔，无锡县之转水、柏渎，常熟□□□□陈墅，皆漏税要区，设关二百四十余年，未尝不用巡稽，但不许深入内地以干宪禁。常熟县向有姜、笋二税，康熙二十一年，主事长命奉总督都御史于成龙行查，尽行除豁。

卷之五

钱　钞

钱法之弊，莫甚于明，乃造钞抑之，以统其权。钞烂倒换，维艰历久，价值渐贱。官府空存其额，民间竟视为无用。商税收钞，输内府，名曰本色。本色不足，召商收买充库用。奸徒射利，军民交困。继以钱钞兼行，罢复不常，不能无弊。后以折色为主钱，佐之岁额，中所以有铜斤之数也。皇清关税悉征折色，扣二万九千余两，以资宝泉鼓铸。官商交便，仍不失钱钞旧制之意云。

明

诸司职掌

凡印造大明宝钞，与历代钱相兼行使，每钞一贯，准钱一千文。其宝钞提举司每岁于三月内兴工印造，十月内住工，其所造钞锭，本司具印信长单，及关领勘合，将实进钞锭照数填写，送赴内府库收贮，以备赏赐支用。其民间行使及税课司局河沿所收受课钞，除挑描伪钞外，其余不分油污水迹及破烂，务要收受。如有阻坏，照依本部原给钞法榜文内例治罪。

会典事例

洪武八年，诏中书省造大明宝钞，取桑穰为钞料，其制方高一尺，阔六寸许。以青色为质，外为龙文花栏，题其额曰"大明通行宝钞"。内上两旁，复为篆文八字，曰"大明宝钞天下通行"。中图钞状十串，则为一贯。其下曰"户部奏准印造大明宝钞，与铜钱通行使用，伪造者斩，告捕者赏银二百五十两，仍给犯人财产"。若五百文，则画钞文为五串，余如其制而递减之。每钞一贯，折铜钱一千文，银一两。其余以是为差，其等凡六，曰一贯、五百文、四百文、三百文、二百文、一百文。每钞四贯，易赤金一两。禁民间不得以金银物货交易，违者治罪，告发者就以其物给赏。若有以金银易钞者，听。凡商税课，钱钞兼收，钱十三，钞十七，一百以下则止用铜钱。

十八年，令酒醋课诸色，若有布帛米谷等项，俱折收金银钱钞。

二十四年，榜谕各处衙门、河泊所官吏，每收办课程，不许勒要料钞，但钞有字贯可辨真伪者，不问破烂、油污、水迹、纸补，即与收受解京。

二十七年，令军民商贾所有铜钱，有司收归官，依数换钞，不许行使。

永乐元年，以钞法不通，禁用金银交易，犯者准奸恶论。又令各处税粮课程、赃罚俱准折收钞。

宣德四年，令湖广、广西、浙江商税课纳银者折收钞，每钞一百贯，准银一百两。又令顺天、应天、苏、松等处共三十三府州县，市镇店肆门摊税课加五倍，候钞法通止。时浒墅镇纳门摊钞。

九年，奏准各司府州税课司局等衙门及沿河监收船料官所收钞，不分软烂、破损、油污、水迹，但有"一贯"二字可辨真伪者，俱不拣退。

景泰四年，奏准钱钞兼行。

成化元年，令京城并九门都税宣课等司及各处，商税钱钞中半兼收，每钞一贯，折钱四文。又令各处船料钞，俱钱钞中半兼收，每钱四文，折钞一贯。

三年，令内外课程，俱钱钞中半兼收。

六年，令商税照旧收钞。

十六年，奏准京城九门及都税宣课司等衙门收钱。

弘治元年，令在京崇文等九门，上新河、张家湾、临清、淮、扬、苏、杭各税课司，每钞一贯，折收银三厘，每钱七文，折收银一分，解京。其存留者，每银一两，折钞七百贯。

六年，令各钞关照则例，每钞一贯，折银三厘，每钱七文，折银一分。

八年，主事刘景寅奏准，查照旧制，仍收钱钞。

正德元年，令每钞一贯，折银二厘。

二年，议准七处钞关船料商税。三年、四年俱收本色钱钞，送司钥库交收。五年以后，俱折收银两，进内承应库应用。

七年，令在京九门税课、在外各钞关俱收旧钱，与国朝铜钱相兼行使。

八年，令临清、河西务自本年起，淮安、浒墅、杭州自九年起，各船料及商税课程，俱收受本色钱钞。

十四年，令各钞关暂折收银两，按季差官解部，转送太仓银库。

十六年，司钥库太监刘荣等奏准，河西务、临清、扬州、淮安、浒墅各钞关，自嘉靖元年为始，照旧收受本色钱钞。

嘉靖元年，巡按御史马录会同巡抚都御史李充嗣奏准，浒墅钞关收纳本色钱钞，军民不便，仍旧折银。

四年，令宣课分司收税，每钞一贯，折银三厘，每钱七文，折银一分。

五年，令各处钞关兼收本色钱钞、折色银两。自嘉靖七年以后，银两送承运库，钱钞送广惠库交收。

六年，奏准船料、商税、门摊等项兼收洪武、永乐、宣德、弘治铜钱进内。

八年，巡按御史魏有本奏准，各钞关自嘉靖八年十月初一日为始，每钞一贯，折银三厘，每钱七文，折银一分。

十七年，太监王满奏请商税征解本色钱钞。户、工二部议覆，自嘉靖八年以后，行令各钞关仍照旧征银解部，不必送内府承运库，改于太仓银库收贮，以备召商之用。

二十年，太监王满奏请商税征解本色钱钞。户部议覆，各钞关税课一年大约收纳钱钞二万五千余块，每块折收银五两八钱五分八厘八丝二忽八微，共约有银一十五万余两。以本部召商一块给银三两二三钱，每块省剩余银二两五六钱，一年计算，积有余银六万余两，可以济边储及大工支用。仍令各关照旧征银。

二十一年，太监王满奏请各钞关征收本色钱钞。户部议覆，崇文门宣课分司并河西务各商税征收本色钱钞，其临清以南各钞关离京渐远，本色钱钞难办，应征收折银，以备召商。奉旨：在京在外一体征收本色钱钞。

二十五年，户部为急缺织造银两，行令苏州钞关员外郎蒋宗鲁，自本年冬季起，各收折色银一万两。完日停止，仍收本色。

二十七年，南京科道郑维诚等条陈，奉旨：钱钞征收本色，以备朝廷不时赏用。今既这等说，以后本、折着递年轮流征解。

三十三年，浒墅关主事高光呈称：倭寇骚扰，商贾缺乏钱钞，请暂假折色，以便商民。奉旨：暂准收折色一年，以后照前旨轮收，并解扛等费各银两倾泻成锭，差人按季解部。

三十九年，令九江、浒墅二关，应纳本色之年，六分扣一，解送太仓者，改为七分扣二，临清、淮扬、河西务等处，原未有扣者，照二关一体扣解。

隆庆六年，令各钞关折收银两。

万历二年，主事周有光呈请照旧例每钞一十贯钱二十文折银七分，内将五分召商顿买，钱钞如例上纳，扣留二分解送太仓，接济边饷。钱钞扛柜包索盘缠等费，俱于五分之内扣算，如有余，仍令买补，钱钞同扣留余银一并解京。部札仰照旧例行。

七年，题准各钞关解纳本色钱钞，以后照例算银，按季总委附近州县官给文解部。

十三年，员外郎赵经以钱钞涌贵，呈请增价，每钞一千贯，给银一两。嘉靖钱每一千文，给银二两五钱。古代黄钱照旧，给银一两六钱。以后年分，若钱钞通行，另议酌减。

十五年，奏准：钞价腾涌，船料商税自万历十五年七月初一日始，逐年本折兼收。一半折色解银太仓，一半本色查照见行事例，除七分扣二外，将应解钱钞，责令经收库役照数完买，每年分为两次解送广惠库交纳。

又户部议：万历与古代钱时值不甚相远，无庸复议，惟钞每千贯定价一两，稍属太多，相应酌减，少资国计。查各钞关解到钞贯，每十分于内止进二分钞，其八分俱系折钱，其二分本色钞，每千贯止给八钱。

二十二年，户部奏准各关税本色钞锭，询访民间，十无一二，收买甚艰，以后各关起解本色价银到部，遇钞多时，照例钱钞并纳，倘遇缺钞，即照价量折铜钱。

四十一年，浒墅钞关本色钞五百八十六万余贯，钱一千一百七十三万余文，俱折色。

四十五年，浒墅钞关本色钱钞，折色四万五千余两。

天启元年，会议辽饷，加增折色。

五年，加增折色新饷。

崇祯元年，加增折色新饷。

二年，会议加增折色新饷。

三年，遵旨酌议加增折色新饷。

七年，奉札加增折色新饷。

十七年，奉诏：照崇祯三年旧额征解折色，于三分之中蠲免一分。

皇清

顺治二年，照崇祯三年折色征收内扣铜斤银买铜解部。

十四年，办铜四十四万八千八百四十二斤。每斤六分五厘算。

康熙八年，户部奏准各关差回部之日，咨钱法侍郎，限二月内严催全完，若过限不完，将所欠细数，该钱法侍郎确查明白咨回臣部题参重处。其办铜斤解役保人，仍咨该抚照数监追变产，正以侵盗官银之罪。若一年限满不完，限监督四个月赔补。如再不完解，任追捕，俟至完之日具题开复。

十三年，户部奏准各关铜斤银两，暂留一半拨充兵饷。

十八年，户部会议得：台臣黄斐疏称，康熙十七年，宝泉局、宝源局铜斤不敷，莫若分为三限办解等语。查先经臣部，因需用兵饷，自康熙十三年起，至十八年十二月止，将铜停买一半，其各关额办铜斤俱动首季税银采买，违限处分，所请分为三限办解，无庸议。又疏称关差回部，有初限、再限之处分办铜人役，该抚有责惩变产之处，合无将人役所欠铜斤查果否，有力追完者，依例发落。其真无可追者，立行监督完偿等语。查各关办铜之人，若一年限内不完，以家产变追，将本身入官监督解任赔补。今若以办得者收取，不能办得者着监督追取，免其办铜，必致拖欠，此处亦无庸议。又疏称办铜人役包揽取办京师，请饬仕差诸臣谕令就近采买，缺额者到京办足等语。查各关办铜，原系就近产铜地方采买，并不令其在京采办。申饬各关务在就近产铜价贱之处采解可也。奉旨：依议。

二十五年，户部等衙门议覆，每斤原价六分五厘，今酌量每斤加增三分五厘，共一钱。浒关共增铜价一万五千七百九两。奉旨：依议。

三十一年，奉旨：嗣后各关差官员于京城浼人购铜及令衙役解铜，俱着严行禁止，务于该差地方如数办买铜斤。令同差笔帖式依期亲解送部。

卷之六

岁　额

关课之有岁额，犹地丁之有会计也。然关课之弊甚于地丁，非有定额，何以清弊？明初，本色、折色更变不常，其额难考。启、祯以后，岁额繁重。本朝受命，关课照崇祯三年旧额。丙申始增三万余两，乙巳乃停。羡余加级之例，诚万世之良法云。

明

宣德四年，令顺天、应天、苏、松各属共三十三府州县市镇店肆门摊税课加五倍。

八年，令在京在外现收车船等项，一应课钞，除旧额与先次减免者不动，但系新增之数，皆以二分为率减一分。

九年，令各处见收课税及船车、门摊、地亩、果木等项，一应钞除正额但为钞法加增之数，以十分为率减四分。

正统十一年，令各处税课照永乐七年额例收办，其现办课钞比旧增多者，以现办之数为额。

十四年，令内外门摊商税课止照洪武年间旧额收受，不许过多。

景泰元年，奏准各处商税课仍照正统年间现行事例额数收办。

嘉靖四十一年，户部奏准荆州、芜湖、九江、杭州、浒墅、扬州、淮安、临清及河西务各关，岁额定数外，务将余饶悉入公帑，巡按仍给号簿一册与佐贰官，日赴各厂，督同收受，逐月缴报。

万历四十一年，浒墅关本色钞五百八十六余万钱，一千一百七十三万余文，折色船料正余银三万九千九百余两。

四十五年，浒墅关折色船料正余银四万五千两。

天启元年，会议辽饷，浒墅关加增新饷银二万二千五百两。

五年，遵旨会议浒墅关加增新饷银二万两，正、余羡银三项共八万七千五百两。

崇祯元年，军饷惟艰，浒墅关加增新饷银四千三百七十五两。

二年，会议浒墅关加增新饷银四千三百七十五两。

三年，遵旨酌议措饷，浒墅关加增新饷银一万七千五百两。原额新增正、余羡银共一十一万三千七百五十两。

七年，浒墅关奉札加增新饷银一万七千六十二两五钱。原额新增正、余羡银一十三万八百一十二两五钱。

又奉札加增练饷银四万九千八十一两二钱五分，原额新增正、余羡银共一十七万九千八百九十三两七钱五分，铜斤在内。

十七年，诏蠲三分之一。

皇清

顺治二年，浒墅关奉札征收船料银一十一万三千九百四十六两八钱七分五厘。

十三年，浒墅关奉札加增银三万五千五十三两二钱，原额新加共银一十四万九千零七分五厘，采买铜斤内扣二万九千一百七十五两。

康熙四年正月，奉上谕：户、工二部各省设立关税，原期通便商贾，以充国用。向因钱粮不敷，故定例将收税溢额者加级纪录，以示鼓励。遂致各差官员务求溢额，以图加级纪录，因而骚扰地方，困苦商民，殊为不合。以后税课务照额征收，缺额者处分，溢额者加级纪录之例，永应停止。其轮流差遣官员，亦应停罢。并税课作何征收，着议政王贝勒大臣、九卿科道会议具奏。特谕。

七年七月，户部酌议：照税银多寡，各作十分。如欠不及半分者，罚俸一年；欠半分以上一分以上者，降一级；欠二分以上者，降二级；欠三分以上者，降三级调用；欠四分以上者，降四级调用；欠五分以上者，革职。既定有处分之例，其缺额银应免追赔，较旧例宽减，溢额加级纪录，永行停止。

十三年，户部疏称：定例内地方多事，盗贼作乱，商旅不前，以致壅塞者，就近详报，督抚将壅塞月日确查报部，今各省商旅不前，税银缺额应敕该抚确查壅塞月日开报。奉旨：依议。

十四年十月，户部题覆本部疏：会议得户部疏称，今当兵饷浩繁，需用钱粮之际，必拣选贤能，不论俸次满汉司官，各该部满汉堂官选出咨送臣部，并笔帖式亦选贤能。至于定例内缺额者，照分数议处，溢额者并无议叙之处。今正需用钱粮浩繁之际，而缺额反多，将官员笔帖式作何处分议叙等语。查定例内，如欠不及半分者，罚俸一年。欠半分以及一分以上者，降一级调用。欠二分以上者，降二级调用。欠三分以上者，降三级调用。欠四分以上者，降四级调用。欠五分以上者，革职等语。今议得，欠不及半分者，降一级留任，余照现定例遵行。至一年额税全完者，纪录一次。溢银一千两者加一级，溢银二千两者加二级，溢银三千两者加三级，溢银四千两者加四级，溢银五千两以上者，以应升之缺先用。关差官员一概不准捐纳。笔帖式等并无责任，停其选差，仍照俸次差遣，亦不准其议叙处分。其出差监督等不令督抚管辖。或地方实有纷乱，河道壅阻，大兵何日过往封船，该监督速行呈报，户部即移咨督抚，查阻壅月日情形，据实具题考核。若有谎报情弊，该督抚不据实具题，一并严加处分。至王公文武大小各官伊等家人，任意往来关津，欺压作害，并兵民商人指称王公文武各官之名，借端强行欺压，严禁在案。今若有此等行者，该监督查拿报部照例处分。如有地方恶棍扰害商民，强霸地方，该监督等不时严查拿惩。又有抗违者指名报部，照光棍例处分。该监督等将本衙役及家人不行严管，任其苛索商民，将监督照罪之轻重处分。康熙十四年，由差官员回日，亦照此例遵行。奉旨：依议。

十七年，户部为移付事。查各关税银向属碎银，应照先年将各关税银催解来部，以便支放俸禄并杂项使用。康熙十七年分税银，除办铜银两并已解藩司贮库不解外，其余税银按季解部可也。

十八年十二月初三日，太和殿灾，诏条内开：各处关差，如有将不应纳税之物，额外横征，差役肆出，分踞津隘，扰害商民者，该部严行察禁，若经发觉，从重治罪。

二十年十二月二十日，云贵荡平，诏条内开：各处关差，如有将不应纳税之物，额外横征，差役四出，分踞津隘，扰害商民者，该督抚题参，若不行题参，事情发觉，一并从重治罪。

二十五年，内务府慎刑司郎中桑格题为详陈税款缘由，请复定例以便遵守事。臣一介末员，荷蒙皇上优擢，特简浒墅关差，何敢不尽其所能，以图报效？但关差并无别事，定额钱粮，维以完办铜斤为要务。臣于十一月初八日受事以来，看得部定浒墅关收税则例，内不论货物多寡，惟量船之宽阔，七尺起至一丈八尺止。货物分编为平料、加平料、补料、加补料四项。如七尺，平料纳银四钱二分，加平料六钱三分，补料八钱，加补料一两二钱六分，为始。按尺次第计算，至一丈八尺，平料纳银二两七钱二分，加平料五两二钱五分，补料七两八钱四分，加补料十两五钱。又询前任所收规例，如七尺之平料，纳银二两上下，加平料九两上下，补料十两上下，加补料十二两上下。次第计算，一丈八尺平料十五两上下，加平料五十两上下，补料五十五两上下，加补料七十两上下。再如船长六丈三尺以上者，梁头加一尺。八丈以上者，梁头加二尺。十丈以上者，又酌量加增。如未足七尺之船，暨仅足七尺之船，货物微少，俱约略计担，分别货物，每担四分以上至一钱八分以下征收。每年征收数目多寡不一，计算钱粮，足与未足，酌量增减等语。查浒墅关从前原额每年十一万三千九百四十两零。顺治十四年加增三万五千五十两零。现今每年征收钱粮税额十四万九千零。又动此项钱粮采办铜斤四十四万八千八百四十余斤，部定铜斤价值，每斤六分五厘计算，共折银二万九千一百七十五两。照时价采办并起运到部计算，每斤约费一钱六七分不等。除去部折价值外，增赔四万六千余两。以此增赔银两，计至每年几至二十万两。终岁计之，每日须得六百两，方能足数。若照部定则例，七尺以上船头方许收税，每日所过之船，不过十余只、十四五只不等，所收钱粮不足百两。揆厥所由，从前一丈八尺之船，长五六丈者，深不过四五尺，即满载亦不过四五百石。因此奸宄之徒，知系止量船头宽阔征税，新造大船，宽不及一丈八尺，深一丈有余，长十丈有余，载货四五千石。犹有更甚于此者，将船打造甚窄，仄行不便，傍附小舟并行。从前载一分者，今已载至数分。因此大船稀少，若不将小船计担收税，俱已不足七尺之小船分载过关矣。若以小船所载货物不令行走，势必壅滞商民。由此推之，大船不得不增收，小船亦不得不按担征收也。以此征收税务钱粮以完办铜斤要务，无计可施，仍酌量前任征收之旧例，遵照定额钱粮，内七尺平料纳银一两七钱，加平料八两，补料九两，加补料十一两上下。次第计算，一丈八尺，平料纳银十四两，加平料四十八两，补料五十两，加补料六十五两上下，其余土产货物不收税外，其小船所载货物，约估担数，每担分别贵贱，三分以上一钱，五分以下征收，四十余日，约估大概钱粮，似可足额。但商船过往不一，一月或多，一月或少，惟其征足钱粮，故征收数目增减不一。细思浒墅关，惟以量船之宽阔，所载货物分平、加平、补、加补四项征收钱粮，因此奸宄之徒，惟图多载货物，将船造作深长，皆相延日久，希图侥幸行走。缘征收钱粮增减不一，使商人不知应收实数。或有不肖之辈，借端多索，亦未可定。况货物自有贵贱，绸缎等物价值与豆鱼货物价值大有分别，俱以加补一例征收，甚是不均。应将无论船只大小，计所载货物多寡贵贱作何征收，重复定例，庶奸宄之徒不得侥幸作弊，收税均匀，有益于守分之商人。如此等处，应于一年任满，方行详明陈奏。但今部颁，商人亲填印簿，定例四季报部。现今首季三月内咨送，若照部定数目填写，银数与船数不符，必至多添商人船数。若以现今征收实数填入簿内，有违部颁定例，又属不合。钱粮关系重大，不敢混行，至今未填部颁印簿。因此实属难行，并将管见一并陈奏，伏祈饬部作何举行详悉定议，以便遵收。

户部等衙门为钦奉上谕事。会议得，皇上轸念商民，惟恐有累百姓。近因出差各官希图议叙，托言铜价浮多，不遵定例，令臣等酌议加增铜价，停其议叙等处。查得铜斤原价六分五厘，加增三分五厘，共一钱，即于额税内动支采买。至溢额各官希图议叙，苦累商民，相应将二十四年出差现任各监督等，虽有溢额，俱停其议叙。共四季所收税银，照旧报解。至报部科簿单，停其四季呈送，俟任满汇报。又浒墅关监督高璜等供称，本关原额税银一十四万九千两，若照部定则例征收，止得银三万两有奇。因税额并添增铜价不敷，原历年收税官员酌量增定征收，职等在差亦照历年征收之例，征收可得定额钱粮并添增铜价。今所增铜价三分五厘之数，可以加增，此外亦可以酌量加增等语。查浒墅关额税银一十四万九千两，内办铜银二万九千一百七十五两。今将铜斤所增三分五厘之数一万五千七百九两加增。又酌将税银比原额加增四千两，共一十六万八千七百九两，作为额数。又，监督桑格疏内虽称货物有贵贱如绸缎等物，与豆鱼价值多有分别，俱作加补一例收税，亦甚不均。若更改此例，不论大小船只，只论装载货物多寡贵贱作何收税等语。伊所题疏内，现今收税，俱照前量船征收等语。且高璜等称，浒墅关原系量船征收，年久商民已知量船征收之例，仍量船收税，则商民不致苦累等语，相应仍照前量船收税。奉旨：依议。各关加增数目不及详载。

卷之七

则 例

商艘往来关津，广狭长短，难于稽核，贪墨者易肆其奸，廉明者莫辨其数。此有心国计者，必兢兢于则例也。第浒之课在船不在货，而则例必及于货者，何也？货有精粗，价有轻重。明初止定丈尺，后乃别平、补、加平、加补四等。本朝因之，附货物于丈尺之下，立榜关署，商民一见洞然，非法之尽善者哉？

明

会典事例

宣德四年，令南京至北京沿河船只，除装载官物外，其余受雇装载人口、货物船只，计其料数若干、程途远近，照例纳钞。如有隐匿，及恃权豪势要不纳钞者，船没入官，仍将犯人治罪。又令受雇装船只，自南京至淮安，淮安至徐州，徐州至济宁，济宁至临清，临清至通州，俱每一百料纳钞一百贯。其北京直抵南京、南京直抵北京者，每一百料纳钞五百贯，若止载粮米柴草及空船回还者，不在纳钞之例。浒墅钞关船料钞仿此例。

八年，令每船一百料收钞六十贯。

正统四年，令每船一百料纳钞四十贯。

景泰元年，令每船一百料纳十五贯。

成化五年，令各处钞关，凡载官粮物并运粮河船，有卫所名号，俱不在收钞之例。

七年，令各处钞关，凡经过官民粮米剥船，俱免税。

十二年，主事赖先照依免科尺寸阔狭起立小闸，不及五尺者，听其往来。

嘉靖九年，令各钞关丈量船只，自五尺以上始榷其料。丈尺不无零寸，止照旧例以成尺为限，若有零寸，悉捐与民。

十四年，奉札，有奸猾船户，故造五尺以上无撺深长船只偷过小闸者，比照船入官事例。

二十五年，员外郎蒋宗鲁议减船料，每钞十贯，递减一分，每千贯减银一两。

二十六年，奉札，回风粮船装载客货过关，每舱向纳银三钱，今比照长船则例，一舱者准六尺梁头征科银一钱五分。

隆庆元年，户部奏罢江西湖口县新设料厂，其出湖口，由下江船只于扬州、浒墅二钞关，查无九江船税票，责令如例补纳船料，另行登簿，季终造册附报。浒墅关分平料、补料始此。

万历年间，课额渐加，外江上湖等大船照例增银，总名大丈四。以丈竿止一丈四尺。

崇祯五年，新饷骤增，船只愈大，五六尺船俱废，自七尺起，至一丈八尺止，共一十二则。

皇清

匿税律

凡客商匿税及卖酒醋之家，不纳课程者，笞五十。物货酒醋一半入官。于入官物内以十分为率，三分付告人充赏。务官攒拦自获者，不赏。入门不吊引，同匿税法。其造酒醋自用者不在此限。商匠入关门，必先取官置号单备开货物，凭其吊引照货起税。

条例

一在京在外税课司局批验茶引，但系纳税去处，令客商人等自纳。若权豪无籍之徒，结党把持，拦绝生事，搅扰商税者，徒罪以上枷号二个月，发附近充军。杖罪以上照前枷号发落。

顺治四年，奉旨：米麦系民间日用，准免料，部议明季则例，米麦俱纳加补，今应纳加平船料。若农船装载米麦，不在此例。

十二年，郎中陈襄呈送浒墅钞关则例到部，该司查对款项无异，仍札该关刷印二册送部颁发，其堂簿令商人亲填。

十七年，主事李继白书籍过关，免料。康熙六年守道李来泰勒石两桥。

康熙四年九月，奉上谕：谕户、工二部，各省钞关之设，原期通商利民，以资国用，非欲其额外多征，扰害地方。近闻各处收税官员希图肥己，任用积蠹地棍通同作弊，巧立名色，另设等秤于定额之外，恣意多索，或指称漏税，妄拿过往商民拷诈，或将民间日用细琐之物及衣帽等类原不抽税者，亦违例抽税，或商贾已经报税，不令过关口，故意迟延勒掯，遂其贪心乃已。此等弊端甚多，难以枚举。违背国法，扰害商民，殊为可恶。嗣后各地方官员俱着洗心涤虑，恪遵法纪，务期商贾通便，地方相安。如仍行前项情弊，在内着科道官、在外着该督抚参奏，从重治罪，决不饶恕。如该督抚不参奏，别经首发，该督抚以徇情治罪。尔部即遵谕行。特谕。

又直隶巡抚王联登奏准各关多刊木榜，竖立通衢要地，俾知夙弊可除，即州县易知由单之意。

六年，户科查培继疏称：近日各关印簿字迹如出一手，不系商人亲填者，有红单私刻木印，不系官标日辰者，必奸胥旧役，复入把持。奉旨严禁。

八年，工科柯耸奏准革去木榜"钞贯"字样，止刻征银数目。其收税数单一样填写二单，一留商人，一送部查核。责贵州司掌管。

九年，总漕帅颜保奏准江南省苏、松、常三府白粮，历年每石俱征水脚银八钱，雇募民船装运过关，令其纳钞。今康熙八年起运七年分白粮，部议将原编水脚奉裁解部，改用减存，漕船装运白粮过关，不必纳钞。雇募民船仍行报料。

明

宣德年间则例

长船、剥船、赣船、河船、焦湖船、浆船、沙船：

四尺，钞二十五贯。

四尺一寸，钞二十六贯。

四尺二寸，钞二十七贯。

四尺三寸，钞二十八贯。

四尺四寸，钞二十九贯。

四尺五寸，钞三十贯。

四尺六寸，钞三十二贯。

四尺七寸，钞三十四贯。

四尺八寸，钞三十六贯。

四尺九寸，钞三十八贯。

已上至弘治元年蠲免不收。

嘉靖九年则例每钞一贯,折银三厘;每钱七文,折银一分。

沙船、河船、艖船、航船五尺起,至一丈四尺止:

五尺,钞一十贯,该钱二十文,折银六分。

六尺,钞二十贯,该钱四十文,折银一钱二分。

七尺,钞三十贯,该钱六十文,折银一钱八分。

八尺,钞三十五贯,该钱七十文,折银二钱一分。

九尺,钞五十贯,该钱一百文,折银三钱。

一丈,钞八十贯,该钱一百六十文,折银四钱八分。

一丈一尺,钞一百一十贯,该钱二百二十六义,折银六钱六分。

一丈二尺,钞一百四十贯,该钱二百八十文,折银八钱四分。

一丈三尺,钞一百七十贯,该钱三百四十文,折银一两二分。

一丈四尺,钞二百贯,该钱四百文,折银一两二钱。

长船、川船、乌船、赣船六尺起,至一丈四尺止:

六尺,钞三十贯,该钱六十文,折银一钱八分。

七尺,钞四十五贯,该钱九十文,折银二钱七分。

八尺,钞六十贯,该钱一百二十文,折银三钱六分。

九尺,钞七十五贯,该钱一百五十文,折银四钱五分。

一丈,钞一百一十五贯,该钱二百三十文,折银六钱九分。

一丈一尺，钞一百六十五贯，该钱三百三十文，折银九钱九分。

一丈二尺，钞一百九十五贯，该钱三百九十文，折银一两一钱七分。

一丈三尺，钞二百二十五贯，该钱四百五十文，折银一两三钱五分。

一丈四尺，钞二百五十五贯，该钱五百一十文，折银一两五钱三分。

已上止以成丈成尺算，其寸数畸零蠲免。

嘉靖二十五年则例每钞十贯，递减一分。每千贯，减银一两。

沙船、河船、艖船、航船俱号平料：

五尺，钞一十贯，该钱二十文，折银五分。

六尺，钞二十贯，该钱四十文，折银一钱。

七尺，钞三十贯，该钱六十文，折银一钱五分。

八尺，钞三十五贯，该钱七十文，折银一钱七分五厘。

九尺，钞五十贯，该钱一百文，折银二钱五分。

一丈，钞八十贯，该钱一百六十文，折银四钱。

一丈一尺，钞一百一十贯，该钱二百二十文，折银五钱五分。

一丈二尺，钞一百四十贯，该钱二百八十文，折银七钱。

一丈三尺，钞一百七十贯，该钱三百四十文，折银八钱五分。

一丈四尺，钞二百贯，该钱四百文，折银一两。

长船、川船、乌船、赣船俱号全料：

六尺，钞三十贯，该钱六十文，折银一钱五分。

七尺，钞四十五贯，该钱九十文，折银二钱二分五厘。

八尺，钞六十贯，该钱一百二十文，折银三钱。

九尺，钞七十五贯，该钱一百五十文，折银三钱七分五厘。

一丈，钞一百一十五贯，该钱二百三十文，折银五钱七分五厘。

一丈一尺，钞一百六十五贯，该钱三百三十文，折银八钱二分五厘。

一丈二尺，钞一百九十五贯，该钱三百九十文，折银九钱七分五厘。

一丈三尺，钞二百二十五贯，该钱四百五十文，折银一两一钱二分五厘。

一丈四尺，钞二百五十五贯，该钱五百一十文，折银一两二钱七分五厘。

后奉例轮收本、折，仍旧征银六分起解，遇该纳本色年分，内将五分收买钱钞，扣留一分解京。

万历年间则例

平料：

五尺，钞一十贯，该钱二十文，折银七分。

六尺，钞二十贯，该钱四十文，折银一钱四分。

七尺，钞三十贯，该钱六十文，折银二钱一分。

八尺，钞三十五贯，该钱七十文，折银二钱四分五厘。

九尺，钞五十贯，该钱一百文，折银三钱五分。

一丈，钞八十贯，该钱一百六十文，折银五钱六分。

一丈一尺，钞一百一十贯，该钱二百二十文，折银七钱七分。

一丈二尺，钞一百四十贯，该钱二百八十文，折银九钱八分。

一丈三尺，钞一百七十贯，该钱三百四十文，折银一两一钱九分。

一丈四尺，钞二百贯，该钱四百文，折银一两四钱。

加平料：

六尺，钞三十贯，该钱六十文，折银二钱一分。

七尺，钞四十五贯，该钱九十文，折银三钱一分五厘。

八尺，钞六十贯，该钱一百二十文，折银四钱二分。

九尺，钞七十五贯，该钱一百五十文，折银五钱二分五厘。

一丈，钞一百一十五贯，该钱二百三十文，折银八钱五厘。

一丈一尺，钞一百六十五贯，该钱三百三十文，折银一两一钱五分五厘。

一丈二尺，钞一百九十五贯，该钱三百九十文，折银一两三钱六分五厘。

一丈三尺，钞一百二十五贯，该钱四百五十文，折银一两五钱七分五厘。

一丈四尺，钞一百五十五贯，该钱五百一十文，折银一两七钱八分五厘。

补料：

五尺，钞二十贯，该钱四十文，折银一钱四分。

六尺，钞四十贯，该钱八十文，折银二钱八分。

七尺，钞六十贯，该钱一百二十文，折银四钱二分。

八尺，钞七十贯，该钱一百四十文，折银四钱九分。

九尺，钞一百贯，该钱二百文，折银七钱。

一丈，钞一百六十贯，该钱三百二十文，折银一两一钱二分。

一丈一尺，钞二百二十贯，该钱四百四十文，折银一两五钱四分。

一丈二尺，钞二百五十贯，该钱五百六十文，折银一两九钱六分。

一丈三尺，钞三百四十贯，该钱六百八十文，折银二两三钱八分。

一丈四尺，钞四百贯，该钱八百文，折银二两八钱。

加补料：

六尺，钞六十贯，该钱一百二十文，折银四钱二分。

七尺，钞八十贯，该钱一百八十文，折银六钱三分。

八尺，钞一百二十贯，该钱二百四十文，折银八钱四分。

九尺，钞一百五十贯，该钱三百文，折银一两五分。

一丈，钞二百三十贯，该钱四百六十文，折银一两六钱一分。

一丈一尺，钞三百三十贯，该钱六百六十文，折银二两三钱一分。

一丈二尺，钞三百九十贯，该钱七百八十文，折银二两七钱三分。

一丈三尺，钞四百五十贯，该钱九百文，折银三两一钱五分。

一丈四尺，钞五百一十贯，该钱一千二十文，折银三两五钱七分。

南来空船、北来空船俱不纳料，回风粮船装载货物，以舱口货算纳。

崇祯五年则例

七尺：

平料，银二钱一分。加平料，银三钱一分五厘。

补料，银四钱二分。加补料，银六钱三分。

八尺：

平料，银二钱四分五厘。加平料，银四钱二分。

补料，银四钱九分。加补料，银八钱四分。

九尺：

平料，银三钱五分。加平料，银二钱二分五厘。

补料，银七钱。加补料，银一两五分。

一丈：

平料，银五钱六分。加平料，银八钱五厘。

补料，银一两一钱二分。加补料，银一两六钱一分。

一丈一尺：

平料，银七钱七分。加平料，银一两一钱五分五厘。

补料，银一两五钱四分。加补料，银二两三钱一分。

一丈二尺：

平料，银九钱八分。加平料，银一两三钱六分五厘。

补料，银一两九钱六分。加补料，银二两七钱三分。

一丈三尺：

平料，银一两一钱九分。加平料，银一两五钱七分五厘。

补料，银二两三钱八分。加补料，银三两一钱五分。

一丈四尺：

平料，银一两四钱。加平料，银一两七钱八分五厘。

补料，银二两八钱。加补料，银三两五钱七分。

一丈五尺：

平料，银一两五钱四分。加平料，银一两九钱九分五厘。

补料，银三两八分。加补料，银三两九钱九分。

一丈六尺：

平料，银一两六钱八分。加平料，银二两二钱五厘。

补料，银三两三钱六分。加补料，银四两四钱一分。

一丈七尺：

平料，银一两八钱二分。加平料，银二两四钱一分五厘。

补料，银三两六钱四分。加补料，银四两八钱三分。

一丈八尺：

平料，银一两九钱六分。加平料，银二两六钱二分五厘。

补料，银三两九钱二分。加补料，银五两二钱五分。

皇清

顺治十二年梁头则例

七尺：

平料，银四钱二分。加平料，银六钱三分。

补料，银八钱四分。加补料，银一两二钱六分。

八尺：

平料，银四钱九分。加平料，银八钱四分。

补料，银九钱八分。加补料，银一两六钱八分。

九尺：

平料，银七钱。加平料，银一两五分。

补料，银一两四钱。加补料，银二两一钱。

一丈：

平料，银一两一钱二分。加平料，银一两六钱一分。

补料，银二两二钱四分。加补料，银三两二钱二分。

一丈一尺：

平料，银一两五钱四分。加平料，银二两三钱一分。

补料，银三两八分。加补料，银四两六钱二分。

一丈二尺：

平料，银一两九钱六分。加平料，银二两七钱三分。

补料，银三两九钱二分。加补料，银五两四钱六分。

一丈三尺：

平料，银二两三钱八分。加平料，银三两一钱五分。

补料，银四两七钱六分。加补料，银六两三钱。

一丈四尺：

平料，银二两八钱。加平料，银三两五钱七分。

补料，银五两六钱。加补料，银七两一钱四分。

一丈五尺：

平料，银三两八分。加平料，银三两九钱九分。

补料，银六两一钱六分。加补料，银七两九钱八分。

一丈六尺：

平料，银三两三钱六分。加平料，银四两四钱一分。

补料，银六两七钱二分。加补料，银八两八钱二分。

一丈七尺：

平料，银三两六钱四分。加平料，银四两八钱三分。

补料，银七两二钱八分。加补料，银九两六钱八分。

一丈八尺：

平料，银三两七钱二分。加平料，银五两二钱五分。

补料，银七两八钱四分。加补料，银一十两五钱。

货物则例

平料：

石灰，石板，石磨，白土，土罐，砖瓦，蒜苗，大蒜，蓑衣，灯草，油草，蒿草，芦柴，木屑，旧席，稿苗，芋头，腌瓜，腌菜，竹箩，烧糟，西瓜，柴灰，淡灰，窑灰，瓦灰，锅坯，盐卤，泥草子，棉花饼，棉花子，沙树叶，松柏秧，空鱼桶，空糖桶，空缸坛。

加平料：

芦席，松柴，树板，酒瓶，家伙，橹坯，箱笼，树竹，席草，农船，平料；客船，加平料。北来空白粮船，空蛋篮，无票上河船。

补料：

草席，酒脚，白糟，草纸，纸脚，末香，蒲包，楛条，斛子，络麻，荷叶，笔管，蒲草，蒲鞋，木屐，竹叶，蒸笼，旧絮，上河船，加补料。鸡豆，藕，本地藕，补料；高邮藕，加补料。枇杷，李子，荸荠，花红，风菱，八皮，活鹅，活鸭，活鸡，牛羊，驴马，小猪，农船，平料；客船，补料。筛匾，扫帚，笆斗，小粉，黄草，猪血，包蒜，散舱，平料。花树，香圆，花石，书籍，历来免料。拜单，饼屑，角屑，毛屑，炭屑，水鸡，活鳝，黄烧纸，榆树皮，灯笼壳，木屐坯，旧布头。

加补料：

诸色豆，诸色油，诸色饼，诸色布，诸色皮，黄白腊，黄白藤，黑白糖，各色药材，各色干细果，佛手柑，芭蕉扇，云母石，细蒲鞋，木套伞，象斗子，黄花菜，花梨木，江西泥，牛骨头，阡张纸，玉田沙，箭杆竹，卢黄木，马郎草，腌牛肉，腌木樨，折篾条，广货，鱼胶，杪板，鱼花，鱼鲞，白鲞，鳇鱼，腌猪，肉包，壮猪，鸭蛋，羊毛，猪毛，绒羯，毡单，包头，叉袋，水梨，甘蔗，橄榄，糖球，金柑，橙橘，石榴，白果，木耳，椒料，香料，香菌，麻菇，锡箔，杂纸，花箸，笋干，乌木，珠子，宝石，琥珀，玛瑙，宝砂，铜锡，钉铁，绸缎，丝线，丝绵，曲酒，酱醋，矾漆，硝磺，煤炭，茶叶，菜子，棉花，生姜，海味，青笋，薄荷，蜜饯，鸡鸭包，海蜇，蛤蜊，蟛蜞，活蟹，腌蟹，龟板，螭壳，虾米，虾皮，鱼药，槐花，象牙，棋子，手巾，马鬃，碗盏，水银，红花，槲皮，木杓，秤杆，匾担，牛皮，牛油，皮屑，油烛，凉枕，丝网，茧絮，算盘，皂荚，竹筋，银罐，炉底，梳坯，扇箱，雄黄，香箱，苏木，黄杨，漆器，砚台，石膏，青靛，肥皂，山药，笋壳，真粉，笔墨，盔头，铁线，铁锅，典包，凉帽，头发，牵蒲，篾笆，坑沙。

杂项：

港单，泊舟港口，赴关报料。赶单，不及倾锭投柜，当闸上料放行。蒜苗，平料。席草，农船，平料；客船，加平料。小猪，农船，平料；客船，补料。壮猪，加补料。鱼花。加补料。

已上俱在船料则例之内。

回空装货粮船舱口，每舱纳银一两，半舱纳银五钱。竹簰，每节纳银五钱。烟酒。建烟每斤纳银二分，烟叶减半；土烟每斤纳银一分，烟叶减半。

已上俱在船料则例之外。

康熙二十五年四月，户部照监督高璜供称，量船征收则例颁行浒墅钞关。二十七年十一月，巡抚都御史洪之杰置立木榜于分司署前。

七尺：

平料，银一两七钱。加平料，银八两一钱。

补料，银九两一钱。加补料，银一十一两一钱。

八尺：

平料，银三两一钱。加平料，银一十一两二钱。

补料，银一十二两二钱。加补料，银一十六两二钱。

九尺：

平料，银四两二钱。加平料，银一十四两三钱。

补料，银一十五两三钱。加补料，银二十四两三钱。

一丈：

平料，银五两三钱。加平料，银一十六两四钱。

补料，银一十七两四钱。加补料，银二十九两四钱。

一丈一尺：

平料，银七两四钱。加平料，银二十两五钱。

补料，银二十一两五钱。加补料，银三十四两五钱。

一丈二尺：

平料，银八两五钱。加平料，银二十四两六钱。

补料，银二十五两六钱。加补料，银三十九两六钱。

一丈三尺：

平料，银九两六钱。加平料，银二十八两七钱。

补料，银二十九两七钱。加补料，银四十四两七钱。

一丈四尺：

平料，银一十两七钱。加平料，银三十三两三钱。

补料，银三十三两八钱。加补料，银四十九两八钱。

一丈五尺：

平料，银一十一两八钱。加平料，银三十八两九钱。

补料，银三十九两九钱。加补料，银五十三两九钱。

一丈六尺：

平料，银一十二两九钱。加平料，银四十二两一钱。

补料，银四十二两一钱。加补料，银五十九两一钱。

一丈七尺：

平料，银一十四两一钱。加平料，银四十六两二钱。

补料，银四十七两二钱。加补料，银六十三两二钱。

一丈八尺：

平料，银一十五两二钱。加平料，银五十一两三钱。

补料，银五十二两三钱。加补料，银六十七两三钱。

其不足丈尺船，加平每石四分五厘，加补七分，广货等物八分，烟一百斤四钱五分，茶一担六分，段匹一捆一钱四分，布匹一捆一钱。征收亦系监督高璜口供部议照前量船征收，不致苦累商民。奉旨：依议。

二十八年二月十一日，圣驾南巡，上谕：谕尚书张玉书等，各处榷关原有则例，朕舟行所至，谘访过关商民，每不难于输纳额税，而以稽留关次不能速过为苦。榷关官员理宜凛奉屡颁谕旨，恤商惠民，岂可反贻商民之累？自今应力除积弊，凡商民抵关交纳正税，即与放行，毋得稽留苛勒，以致苦累。违者定行从重处分。尔等可即传谕，俾一体奉行，称朕意焉。特谕。余款不及详载。

雍正五年闰三月，户部照会浒墅关监督：为请旨事。贵州清吏司案呈奉本部，送户科抄出本部覆苏州织造兼理浒墅关税务高斌奏前事等因，奉朱批：该部议奏。该本部议得苏州织造兼理浒墅关税务高斌奏称：浒关则例，如豆税一项，名曰加补料，有梁头、小贩之分。小贩则例，每石税银七分；梁头一丈八尺者，税银六十七两三钱。奴才到任收税，见梁头一丈八尺者，交银七十七两五钱三分，又外加银二十余两不等。细问原由，据山阳、江都梁头船户呈称，丈八之船，原照则例，纳银六十七两三钱。后因有将船改造深宽者，是以往年有均钞之请，以签量担数作梁头丈尺。如丈八梁头，以二千九百八十二石为率，纳银七十七两五钱三分，合计每石二分六厘。若内有不及数者，则按二分六厘一石递减。如逾数者，亦照此例递加。倘有过于船舱限槽之上，是在本船之外所刮余豆，照小贩例上纳，此实至公之道，众商遵行已久等语。查小贩则例，每石税银七分，梁头止收二分六厘，相去悬殊，以致从前小贩豆货虽宽至五分一石，仍不抵关，多被梁头包揽。奴才仰体皇仁，宽减招徕，将小贩豆船照现收米税之例，每石收银四分，而小贩客商俱踊跃来关，急公完纳。其梁头大船，据称有改造深宽，循照旧例，逐船签量，多者依数，每石二分六厘递加。所刮余豆，每石亦止二分六厘，所收银两，俱入库归并赢余，尽数汇解。特是部定则例，一丈八尺加补，止纳银六十七两三钱。因此历任亲填簿内，俱照则例填写，其余银两，概不登填。是以奴才任内，亦循向例填写。再四思维，虽相沿已久，但梁头船户完税数多，填簿数少，未免疑议。且将奉旨部颁之印簿并未实力奉行，竟为虚文故套。仰祈皇上敕部定议，嗣后部发商人亲填簿内，俱令照日收实数登填，不必止照额数扣报，赢余钱粮尽数据实填写，庶税关收课革除陋弊，实力奉行，而刁顽商船亦不得借词疑议，等因前来。查浒墅关征收税银则例，一丈八尺梁头纳银六十七两三钱，小贩船只每石纳银七分。今该监督高斌奏称，梁头大船据称有改造深宽，循例签量，多者依数，每石二分六厘递加。所刮余豆，每石亦止二分六厘，小贩船只宽减招徕，每石收银四分，而客商踊跃来关完纳等语。第钞关豆税因照梁头输纳，不行签量，以致商船屡改深宽，希图少税，似此签量，梁头大船征收与国课有增无减，宽招小贩与商民有益，应如该监督所请，将梁头大船签量多者依数，每石二分六厘递加，所刮余豆，每石亦止二分六厘。小贩船只准其宽减输纳，所收银两归并赢余，尽数汇解，不得征多报少。倘有欺隐侵蚀、额外苛索情弊，即行指名题参。至部颁印簿，原令商人自书姓名，将所输税银据实填写，应行该监督高斌，嗣后俱令照日收实数登填报部查核。俟命下之日，行文该关，晓谕遵行，并知照苏州巡抚可也等因。于雍正五年闰三月十二日题，本月十四日奉旨：依议。

卷之八

榷　部

德政生祠碑文，例不载，惟间取宦绩显著者附姓氏之下。

明

景泰元年。庚午。王昱。字□□，山东人。先是，户部尚书金濂奏建浒墅钞关。

二年。辛未。监收船料钞。是年十一月，始立户部分司于苏州府长洲县浒墅镇，任满一年，差官更代。

三年。壬申。苏致中。字敬之，四川人。

四年。癸酉。李叔玉。字□□，福建人。

五年。甲戌。何铣。字□□，云南人。

六年。乙亥。解□□。字□□，山西人，失其名。是年取回。

七年。丙子。是年起至成化七年，俱府委官收。

天顺元年。丁丑。

二年。戊寅。

三年。己卯。

四年。庚辰。

五年。辛巳。

六年。壬午。

七年。癸未。

八年。甲申。

成化元年。乙酉。

二年。丙戌。

三年。丁亥。

四年。戊子。

五年。己丑。

六年。庚寅。

七年。辛卯。

八年。壬辰。**颜瑄。**字宝之，直隶江阴人。

九年。癸巳。**是年起至弘治五年，俱府委官收。**

十年。甲午。

十一年。乙未。

十二年。丙申。

十三年。丁酉。

十四年。戊戌。

十五年。己亥。

十六年。庚子。

十七年。辛丑。

十八年。壬寅。

十九年。癸卯。

二十年。甲辰。

二十一年。乙巳。

二十二年。丙午。

二十三年。丁未。

弘治元年。戊申。

二年。己酉。

三年。庚戌。

四年。辛亥。

五年。壬子。

六年。癸丑。**阎玺**。字廷望，山西寿阳县人，甲辰进士，严厉耿介。建分司堂库门垣，设役防库。累升按察司副使致仕。

七年。甲寅。**郑焰**。字叔昭，福建闽县人，丁未进士。

八年。乙卯。**郑焰**。是年任满去。

九年。丙辰。**刘焕**。字尧章，直隶藁城县人，癸丑进士。建燕思堂，有记，见《官署卷》。累升知府。

十年。丁巳。**陈绶**。字学之，广东顺德县人，庚戌进士。累升郎中。

十一年。戊午。**徐绍先**。字继之，湖广蕲水县人，丁未进士。累升知府。

十二年。己未。**赖先**。字伯启，福建永定县人，庚戌进士。创建小闸，公私称便。常曰：上不能为其大者，则为其小者可也。有《永通渠》《石虹》等记，见《桥梁卷》。升员外郎。

十三年。庚申。**赖先**。是年任满去。

十四年。辛酉。**姚昊**。字文大，福建闽县人，癸丑进士。累升布政司参议。

十五年。壬戌。**郝海**。字汝容，直隶邳州人，癸丑进士。

十六年。癸亥。**张瀚**。字克容，山东博平县人，庚戌进士。累升布政司参议。

十七年。甲子。**王轼**。字载卿，直隶江都县人，己未进士。清介严毅，划革弊端。累升南京户部尚书，改南京兵部尚书，参赞机务。

十八年。乙丑。**赵瑞**。字惟德，福建晋江县人，庚戌进士。累升郎中。

正德元年。丙寅。**王玹**。字廷用，山东海丰县人，丁未进士。

二年。丁卯。**严泰**。字时和，山西汾州人，丙辰进士。累升知府。

三年。戊辰。**府委官收**。

四年。己巳。**府委官收**。

五年。庚午。**刘鹏**。字大翼，山西石州人，乙丑进士。升员外郎。

六年。辛未。**于范**。字觉甫，山东郓城县人，乙丑进士。建分司国计堂，有记。

七年。壬申。**郑善夫**。字继之，福建闽县人，乙丑进士。关政无私，商民利便。性恬退亢节，择交寡合，与人忠信不苟。武宗将南狩，善夫与郎中黄巩辈伏阙疏留，帝怒，杖之，以病告归。嘉靖改元，荐起为南京刑部郎中，寻转吏部验封司郎中。游武夷，值风雪，病卒。时年三十九。所著有《少谷集》，力追大雅，独宗少陵，自林子羽、高廷礼后，为七闽诗人之冠。

八年。癸酉。**廖庆**。字体善，福建莆田县人，辛未进士。累升郎中。

九年。甲戌。**周崇义**。字以忠，四川灌县人，戊辰进士。累升按察司副使。

十年。乙亥。**萧韶**。字九成，福建人，举人。

十一年。丙子。**王谔**。字直夫，陕西西安右护卫白水县人，解元，戊辰进士。累升知府。

十二年。丁丑。**张经**。字天叙，顺天府玉田县人，辛丑进士。累升知府。

十三年。戊寅。**冯曾**。字宗孔，锦衣卫籍，直隶河间县人，甲戌进士。有为有守，累升知府。

十四年。己卯。**杜盛**。字子实，顺天府宝坻县人，辛未进士。累升员外郎。

十五年。庚辰。**丁孔璋**。字彦晋，山东聊城县人，甲戌进士。累升知府。

十六年。辛巳。**王卿**。字良佐，山西弘农卫籍，临县人，甲戌进士。端慎有守，累升浙江参政。

嘉靖元年。壬午。巩思宪。字廷章，山东东平州人，甲戌进士。

二年。癸未。刘晔然。字文光，顺天府遵化县人，丁丑进士。有题名记《冰玉堂箴》。升郎中。

三年。甲申。高奎。字文征，山东长清县人，甲戌进士。

四年。乙酉。冯承芳。字世立，广西桂林中卫人，癸未进士。改阅帆亭为高士轩，有记。升员外郎。

五年。丙戌。李仁。字士元，直隶曲周县人，癸未进士。升员外郎。

六年。丁亥。杨丽。字益夫，四川南充县人，癸未进士。累升知府。

七年。戊子。康河。字德清，陕西武功县人，癸未进士。历升郎中、知府。

八年。己丑。张德政。字允治，山东平阴县人，丙戌进士。

九年。庚寅。方鹏。字其大，直隶怀宁县人，丙戌进士。清介下士，不畏强御，创建义塾、范文正公书院，封宋圯墓，俱有记，卓然名宦。

十年。辛卯。丁守中。字仲本，陕西庆阳卫人，举人。

十一年。壬辰。焦维章。字子晦，四川灌县人，解元，丙戌进士。建义塾坊，累升提学副使。

十二年。癸巳。张一厚。字叔载，山东平原县人，丙戌进士。

有守有为，累升知府。

十三年。甲子。**汪文渊**。字养静，湖广黄冈县人，己丑进士。升员外郎，历升知府。

十四年。乙未。**曹濡**。字汝育，顺天府固安县人，己丑进士。历升郎中。

十五年。丙申。**陈大咸**。字宏感，广东海阳县人，丙戌进士。重修义塾，改教读厅为诸贤祠，有记，见《义塾卷》。始作《关志》。历升郎中、知府。

十六年。丁酉。**李淳**。字文卿，山东濮州人，壬辰进士。历升郎中、知府。

十七年。戊戌。**邵思忠**。字廷臣，直隶赣榆县人，丙子举人。

十八年。己亥。**陈澍**。字伯雨，直隶合肥县人，壬辰进士。历升郎中、知府。

十九年。庚子。**李增**。字孟川，河南颍州卫人，乙未进士。刚方端恪，历升郎中、知府。

二十年。辛丑。**沈弘彝**。字允叙，河南陈州人，壬辰进士。历升郎中。

二十一年。壬寅。**陈云衢**。字邦英，福建莆田县人，乙未进士。

二十二年。癸卯。**董子策**。字元正，直隶合肥县人，戊戌进士。建阅帆楼、敬事轩。历升员外金事。

二十三年。甲辰。**聂栎**。字公寿，山东济宁州人，戊戌进士。

二十四年。乙巳。**尤时熙**。字季美，河南洛阳县人，壬午举人。廉静持己，慈祥惠下，时论贤之。

二十五年。丙午。**蒋宗鲁**。字道受，贵州普安卫人，戊戌进士。持正有为，铲弊不挠，复委官库夫革报单，铺户商民称便。重修《关志》，士林共推之。

二十六年。丁未。**王询**。字可庸，四川成都右卫人，甲辰进士。持身廉直，立法精明，减征半料，以苏运军议复折色，以图实用，士论贤之。

二十七年。戊申。**胡经**。字伯常，河南彰德府磁州人，戊戌进士。

二十八年。己酉。**黄深**。字舜功，福建闽县人，辛丑进士。

二十九年。庚戌。**何一举**。字德卿，四川成都县人，甲辰进士。洁己划弊，榷政澄清。

三十年。辛亥。**康迪吉**。字道甫，河南章丘县人，甲辰进士。

三十一年。壬子。**周世远**。字子道，四川江津县人，甲辰进士。

三十二年。癸丑。**范阶**。字景志，山东即墨县人，甲辰进士。

三十三年。甲寅。**高光**。字子谦，四川峨嵋县人，甲辰进士。

三十四年。乙卯。**翁梦鲤**。字孔希，福建莆田县人，庚戌进士。中温而外厉，志公而政平。

三十五年。丙辰。**府委官收**。

三十六年。丁巳。**府委官收**。

三十七年。戊午。王守充。字美中，广东归善县人，庚戌进士。性资冲淡，制行雅洁，宽严克济，吏畏民怀。

三十八年。己未。李应元。字文征，河南祥符县人，癸丑进士。有为有守，克终克慎。

三十九年。庚申。薛一鹗。字应荐。山西芮城县人，丙辰进士。政事文学，蔚然可观。

四十年。辛酉。郑云鏊。字邦用，福建闽县人，丙辰进士。尚书焰之孙，廉介严明，克承祖烈，士林重之。著聿修堂。

四十一年。壬戌。叶期远。字士毅，福建漳浦县人，癸丑进士。资性慈祥而纪纲周密，政事练达而持守精严。

四十二年。癸亥。佘立。字季礼，广西柳州人，壬戌进士。少年登第，敏练特达。捐俸修街，有记。

四十三年。甲子。汤仰。字子山，四川新都县人，己未进士。

四十四年。乙丑。王以缧。字伯聘，顺天文安县人，壬辰进士。

四十五年。丙寅。王以缧。是年任满去。

隆庆元年。丁卯。蔡一楠。字子木，福建漳浦县人，壬戌进士。

二年。戊辰。陈贤。字子及，四川苍溪县人，壬戌进士。

三年。己巳。许守谦。字子受，直隶藁城县人，乙丑进士。端严有威，明敏有识。重修小闸，撰《浒墅事宜》。

四年。庚午。李荐佳。字伯受，河南颍州卫人，乙丑进士。持身清苦，接人谦恭。

五年。辛未。**王之屏**。字介石，河南颍州卫人，乙丑进士。

六年。壬申。**王之屏**。是年任满去。

万历元年。癸酉。**王三锡**。号华峦，四川内江县人，乙丑进士。留心关政，撰《榷书备遗》。

二年。甲戌。**赵云翔**。号寿峰，山东平阴县人，戊辰进士。刚明老练，吏胥慑服。

三年。乙亥。**周有光**。号宾江，山西荣河县人，辛未进士。坦率慈祥，恂恂君子，岁逢亢旱，忧形于色。

四年。丙子。**董用威**。号望中，河南洛阳县人，辛未进士。

五年。丁丑。**王教**。号秋澄，山东淄川县人，辛未进士。心术光明，操行廉介。旋斾之日，行李萧然，士林清品。

六年。戊寅。**杨佩训**。字仰恂，福建人，辛未进士。沉毅文雅，留心关政。撰《浒墅事宜》，重修广福庵，著有碑记。

七年。己卯。**赵惟卿**。号怀堂，直隶柏乡县人，戊辰进士。老成练达，建钟鼓楼、自公楼，有记。

八年。庚辰。**李多见**。字子行，号师弦，福建莆田县人，甲戌进士。天性孝慈，政事精察，待士以恭而不阿，御下以严而不猛。

九年。辛巳。**李大嘉**。号沃田，山西人，甲戌进士。谨守如女，寒素如士。天夺其年，闻者惜之。

十年。壬午。**田蕙**。号翼斋，山西应州人，甲戌进士。

十一年。癸未。**张世科**。字溱美，号石川，山东临邑人，丁丑进士。赋性恺悌，襟度坦平，持己端谨，待人真诚，缙绅中忠厚长者。捐俸修义塾，建社学，买田若干，给两塾师。

十二年。甲申。**杜潜**。字见田，山东高唐州人，庚辰进士。通商便民，捐俸施药，作养生童。有生祠碑记。

十三年。乙酉。**赵经**。号念溪，应天府人，举人。才干明敏，法令严肃。

十四年。丙戌。**唐文灿**。号鉴江，福建漳浦县人，戊辰进士。平易近民，谦恭下士，学博才优，古之循吏。所著有《享帚集》《四六稿》。

十五年。丁亥。**边有猷**。号南亭，河南封丘县人，甲戌进士。

十六年。戊子。**贺逢舜**。号涧南，湖广益阳县人，丁丑进士。

十七年。己丑。**李开藻**。字叔圆，号鹏岳，福建永春县人，癸未进士。榷关时年甫弱冠，自月俸外，不费水衡一钱，搰胥宿蠹，立扫左右，怨声啧啧。及瓜代而囊橐如洗，左右乃窃叹曰："清郎一至此哉！吾辈或以私憾者，亦可愧矣！"事见陆应旸《樵史》。

十八年。庚寅。**陈一洙**。号景山，福建漳浦人，丁丑进士。

十九年。辛卯。**梁宜生**。

二十年。壬辰。**靳绍谦**。号益吾，广西安平人，庚辰进士。

二十一年。癸巳。**张立爱**。号念圆，北直深泽人，庚辰进士。

二十二年。甲午。**朱文卿**。字君辅，号斗墟，湖广江夏县人，壬辰进士。

二十三年。乙未。**朱文卿**。是年任满去。

二十四年。丙申。**董汉儒**。字学舒，号谊台，北直开州人，己丑进士。累官兵部尚书。操行洁白，敷政宽和。见射渎、枫桥一带塘圮，民病徒涉，捐羡筑堤，至今行道之人犹称董公塘云。致位邦宪，风概凛然，而遇下有恩，旧僚往谒，辄慰抚如家人子也。

二十五年。丁酉。**管学畏**。字汝常，号志莲，直隶保定县人，壬辰进士。

二十六年。戊戌。**高第**。字登之，号笤塘，直隶滦州人，己丑进士。官至兵部侍郎。

二十七年。己亥。**陈宁**。字子觐，号葵庵，山东历城县人，壬辰进士。

二十八年。庚子。**游廷柏**。字子介，号九台，福建福清县人，己卯举人。

二十九年。辛丑。**洪世胤**。号涧阳，山西蒲州人，戊戌进士。

三十年。壬寅。**林欲栋**。号羽汉，福建晋江县人，乙未进士。累官南光禄寺卿。

三十一年。癸卯。**施重光**。字庆征，号悟生，山西太原人，辛丑进士。

三十二年。甲辰。**王之都**。字尔章，号曙峰，山东新城县人，乙未进士。升知府。亢直精敏，留心榷务，著有《漕海湖图说》及《三司各港图说》，载《管辖篇》。

三十三年。乙巳。**刘戡之**。字定甫，号元定，湖广夷陵州人，官生。

三十四年。丙午。**曹琏**。号还素，山东青州人，辛丑进士。

三十五年。丁未。**张萱**。字孟奇，广东博罗县人，举人。饶有史才，辞理淹博，著有《疑耀》及《云笈七签》诸书。

三十六年。戊申。**张萱**。是年任满去。

三十七年。己酉。**陈讦谟**。号莲湖，福建长乐县人，辛丑进士。累官副使，浑厚静朴，治号清恬。前政以义仓基置狱，就改为宝华行宫，民咸德之。寻守苏郡，亦以醇德致理焉。

三十八年。庚戌。**王佐才**。字鉴衡，山东临朐县人，丁未进士。丁艰后官布政司。

三十九年。辛亥。**孙必大**。号宇怀，山东莱阳县人，丁未进士。卒于任。

四十年。壬子。**张铨**。字平仲，号五鹿，北直大名人，甲辰进士。累官副使。才识通敏，自公之暇，图书觞咏，居然名士风流。亲朋至，辄倾橐赠之，及瓜而代，自放衡外，唯宾从游览，算缗赢绌不问也。网或多漏，而商民咸乐其宽大云。

四十一年。癸丑。**马之骏**。字仲良，河南新野县人，庚戌进士。英才绮岁，盼睐生姿。游客如云，履綦盈座。征歌跋烛，击钵阄题，殆无虚夕。世方升平，盖一时东南之美也。所著有《妙远堂》《桐雨斋》等集。

四十二年。甲寅。**李佺台**。号为舆，福建惠安县人，丁未进士。累官浙江布政司，厘蠹剔奸，关政澄肃，允称能吏。而拓塾宫，辟云路，尤其遗泽也。

四十三年。乙卯。**张大猷**。号武程，湖广黄陂县人，乙未进士。累官右布政。渊衷硕抱，嘉惠士民。素精青乌家言，谓浒水直泻，文教不昌，议于关南浚月河以纡水势，捐俸千缗，命例监张弘祚董其役，绩虽未底，其德意弘远已。

四十四年。丙辰。**洪启初**。字葆原，福建南安县人，癸丑进士。

四十五年。丁巳。**杨蛟**。号巨峤，陕西安化县人，癸丑进士。卒于任。慈惠清约，时有佛子之称。

四十六年。戊午。**孙昌裔**。字子长，号凤林，福建闽县人，庚戌进士。累官提学副使。幼擅文誉，有神童之目。姿干玉立，音吐如钟。莅官，竞绿咸宜，威惠兼著。

四十七年。己未。**李峙启**。号警几，福建平和县人，丁未进士。累升副使。

四十八年，泰昌元年。庚申。**张梦鲸**。号华阳，山东齐东县人，庚戌进士。累官延绥巡抚。德器浑朴，慈蔼如春，施槽掩骳，夏楚不设。越半载，即以迁正郎受代，士民攀辕祖饯，有泣下者。

天启元年。辛酉。**沈弘业**。号学源，福建漳州人，举人。

二年。壬戌。**刘应遇**。号念劬，湖广孝感县人，举人。历官副都御史。敏材通识，奖掖后进，延纳致誉，以党祸被削。珰败，讼冤复官，寻致节钺。

三年。癸亥。**赵嗣芳**。号存孩，湖广武昌人，丙辰进士。历官副使。

四年。甲子。钱天锡。字公永，号长玉，湖广沔阳州人，壬戌进士。累官副使。卓有文誉，藻鉴绝伦。政颇精严，无敢觖骭。著有碑记传后。

五年。乙丑。马任远。字眉白，北直永年县人，己未进士。简重不苛，于关南建文昌阁，虎丘建等慈阁。又于关南北置劝葬地，民至今颂之。

六年。丙寅。李鸣春。号苍屿，北直南宫县人，壬戌进士。

七年。丁卯。李孔度。号生洲，北直人，官生。

崇祯元年。戊辰。林日瑞。号浴元，福建诏安县人，丙辰进士。历官广东右布政。

二年。己巳。戴壎。字叔鸿，福建长泰县人，丙辰进士。

三年。庚午。戚伸。字申之，号起蓁，南直泗州人，戊辰进士。慈心质行，廉谨自持。尤嘉惠士林，有求胥应，古之遗爱也。

四年。辛未。李缙徵。号济斋，山东章丘县人，戊辰进士。升知府。

五年。壬申。何楷。字玄子，号黄如，福建镇海卫人，乙丑进士。累官户、工二部侍郎。沉几卓识，究图经术。值寇扰豫楚，商舶滞行，课额时诎，而手笺《周易》，订诂探幽，审象动关，至极洒然，不以仰屋经心也。接士谈艺，因有社选行世。

六年。癸酉。许豸。字玉史，号平远，福建侯官县人，辛未进士。榷政尚宽，岂弟素著，尤寓情文翰，奖掖时髦，前何后许，允称名宦。升浙江提学参议，人文蔚起。子宾，字于王，辛卯举人，福建道御史。康熙十三年巡视两浙盐课，划除宿弊，商民诵德。又采风属郡，藻鉴甚精，庶几媲美前休。

七年。甲戌。亓之伟。字超凡，山东莱芜县人，壬戌进士。升知府。

八年。乙亥。黄世清。原名祖年，号澄海，山东滕县人。

九年。丙子。黄世清。是年任满去。

十年。丁丑。李蛟祯。号增城，河南嵩县人，辛未进士。升郎中。

十一年。戊寅。杜嘉庆。号龙征，山东嘉祥县人，辛未进士。募兵防库，立功咨部。

十二年。己卯。陈志广。号育海，福建闽县人，辛未进士。升员外。

十三年。庚辰。陈志广。是年任满去。

十四年。辛巳。朱术珣。楚藩宗室，改授户部榷关。其人貌寝性险，略通诗翰，久游金陵、吴越间。既受事，鸳纵狼籍，掊剥商船，三倍前额，波害平民富室，横征无艺，立杀数命，而张孟孺父子骈死尤酷。御史左光先疏劾之，革职逮问。镇民权若更生。诸生施泽绵家与关迩，仅隔一河，突以官铅寄贮，将藉此生端，会败获免。黉校因露檄逐之，舆论称快云。

十五年。壬午。薛应举。苏州府同知，是年正月奉抚按委署。

十六年。癸未。袁枢。字伯应，号环中，河南睢阳人，官生。胄子司榷，政迹颇著，本镇乡绅周之玙有碑记。

十七年。甲申。**张永禧**。字季友，北直大兴籍宜兴人，官生。时寇扰江北，有难民船过浒，辄加慰抚，尽数免料放行。又文移抚院，召兵防御，兵饷即于关课销算，浒之有汛弁也自兹始。著有《虎疁拙政集》。

弘光元年。乙酉。**程良孺**。号□□，湖广孝感人，举人。是年六月，王师进取吴浙，良孺投诚，仍司榷政，甫六日，为枫桥乱民所逐，遂逸去，至京口而殂。

皇清

顺治二年。乙酉。**丘俊孙**。号德峻，江南淮安籍，湖广宜城人，癸未进士。

三年。丙戌。**吕翕如**。字正始，保定清苑人，庚辰进士。是时，师旅频兴，纤缆旁午，于扰攘中加惠商民。本镇乡绅周之屿作碑记。

四年。丁亥。**郑库呐**，满洲人，镶红旗。**王崇铭**，字心盘，山西阳城人，己卯举人。**高汝魁**。满洲人，正白旗，笔帖式。

五年。戊子。**石兔**，满洲人，镶白旗。**王崇铭**，**王国安**。满洲人，正红旗。

六年。己丑。**杨威**，满洲人，镶黄旗。**申腾芳**，字维实，苏州府长洲人，官生。**许朝聘**。满洲人，正白旗。

七年。庚寅。**额伦**，辽东人，正黄旗。**李起元**，号复庵，北直人，壬午举人。**都塔力**，满洲人，正白旗，笔帖式。**张仲德**。满洲人，正蓝旗，笔帖式哈番。

八年。辛卯。**李起元**。是年任满去。

九年。壬辰。**冯达道**。字敦五，常州武进人，丁亥进士。文名素著，为毗陵宿望，榷政务崇宽大，商民爱之。

十年。癸巳。**严我公**。号端溪，浙江绍兴人，贡士。奉敕招抚舟山，著有功绩，迁户部。折节下士，不遑宁处。且秉性严毅，果于厘剔，关政肃清。署中匾额联对，多所更题。

十一年。甲午。**陈襄**。字若水，号静庵，北直文安人，举人，癸未副榜。劳谦下士，和气蔼如。

十二年。乙未。**王有报**，满洲人，正红旗一切喇哈方。**刘廷献**，字清余，浙江仁和人，壬辰进士。**刚阿把**。满洲人，正白旗，笔帖式哈番。

十三年。丙申。**呀思哈**，满洲人，正白旗，爱惜剌库哈方。**费达**，字古心，江南溧阳人，壬辰进士。文名素著，政迹可称。御下宽洪，作事明敏。胥役商民至今爱慕不衰。**王国柱**。满洲人，正红旗，他赤哈哈方。

十四年。丁酉。**秦廷献**。字君章，山西曲沃人，拔贡。张弛得体，竞绿咸宜，德政可传。

十五年。戊戌。**杜宸辅**。字道宜，北直长垣人，乙未进士。

十六年。己亥。**郭金铉**。字仔侯，北直平安人，己丑进士。

十七年。庚子。**李继白**。字荆品，号梦沙，河南临漳人，乙未进士。赋资敏异，流览艺文，过目不忘，有《四书折衷》及诗集行世，诚中州宗匠也。自公之暇，辄与士子谈艺，晨夕晋接，未常告倦，一时知名之士，悉游其门。因浒关钱粮重地，添设兵、听，为防逻之用。政事尚宽，商民牙侩罔不颂德焉。

十八年。辛丑。李继白。是年任满去。

康熙元年。壬寅。王元晋。号雪麓，北直宁晋人，乙未进士。

二年。癸卯。库尔纳，满洲人，正蓝旗。冯镛，号鹤亭，江西吉安人，乙未进士。莱皓。满洲人，正红旗，笔帖式。

三年。甲辰。马喇，满洲人，正白旗。刘宏誉，号永生，北直真定人，己丑进士。任事未久，病卒于官。特尔金。满洲人，镶白旗，笔帖式。

四年。乙巳。白尔黑，满洲人，正蓝旗。务崇宽大，不事苛细。王天成，号玉田，辽东自在人，乙酉举人。秉性和平，政尚宽简。松竹。号君宠，满洲人，镶黄旗，笔帖式。

五年。丙午，安世鼎。号铸九，辽东人。苏松常道，端方严肃，商民遵法。

六年。丁未。李来泰。号实台，江西临川人，壬辰进士。乙酉督学上江，人文蔚起。辛丑视漕吴下，输挽如期。至是以苏松常道权关，适道缺裁并府佐。

七年。戊申。吴江伟。字蛟水，浙江定海人。苏州府管粮通判，督抚委署。

八年。己酉。郑燝，号象庵，福建莆田县人，壬午举人。苏州府总捕同知，归并权关，甫四月复部差去。马尔赤哈，满洲人，镶红旗，户部郎中。黄虞再，号泰昇，陕西伏羌人，乙未进士。礼部郎中。除饷银，清港弊，撤福山单以裕课，宽本关枭以惠民。穆尔泰。满洲人，镶白旗，笔帖式。

九年。庚戌。桑梓，满洲人，正蓝旗，刑部员外郎。持己端正，御下宽大。分司惟正堂，岁久倾圮，捐赀重建。郑熽新，号阆斋，福建闽县人，户部员外郎。吴什巴。满洲人，镶红旗，笔帖式。

十年。辛亥。徐大用，满洲人，正红旗，刑部郎中。六月初三日，以满汉不谐，自刎死。杨芳，山西人，荫生，刑部主事。缘事去。穆臣，满洲人，镶黄旗，吏部笔帖式。韩佐周，字公弼，古郿籍，满洲人，镶蓝旗，分守苏松常道。宪檄署关，积弊一清。后又浚吴淞、刘河等处，功在百世，尤称茂绩。关音布，满洲人，正黄旗，户部主事。本年补任，仅七月。易道沛。字晴湄，湖广汉阳人，己丑进士。刑部山东司郎中。政从宽简，商人怀之。更善作宋元山水，陶情诗酒，不以缗计累其雅度，超然尘表，人不可及。

十一年。壬子。席柱，满洲人，正黄旗，吏部主事。见事明敏，下人不敢蒙以私，而会计精详，弊端必察，此澄清榷政之最著者。刘士龙，字宓成，河南睢州人，壬辰进士。工部都水司主事。榷关之暇，采风苏郡，藻鉴不爽，刻有试牍行世。佛保。满洲人，正白旗，礼部笔帖式哈番。

十二年。癸丑。陈常夏，字临谷，陕西富平人，甲午贡生，礼部祠祭司主事。父有虞，壬辰进士，福建仙游县知县，殉寇难，膺恤典。常夏治关，宽港政，厘弊薮，四方宾旅相接以礼，未尝少懈，而博搜典故，辑成关乘，尤为盛举。常保。满洲人，镶红旗，刑部笔帖式。

十三年。甲寅。郭里，满洲人，镶蓝旗，兵部武库司员外郎加一级。时值军兴，货艘阻滞，悉照则例征收，不以缺额经心为考成计，商民罔不颂德。浒系南北孔道，乃宣布上谕，使师旅往来，一方安堵，镇民建万安书院祝之。**恩格**。满洲人，正白旗，户部笔帖式。

十四年。乙卯。**硕罗**，满洲人，正红旗，户部贵州司主事。港政宽大，农民称便。罚料积至千金，鞭挞不加，及瓜而代，尽为除之，洵慈惠君子也。**清沙布**。满洲人，正白旗，吏部笔帖式。

十五年。丙辰。**高璜**，字渭师，辽阳人，镶黄旗，庚戌进士，翰林院庶吉士，工部都水司主事加一级。榷政严肃，凡优免等船，概行禁止，从前积弊顿除。采风郡邑，多士服其衡鉴之精。**张沙**。蒙古人，镶蓝旗，兵部笔帖式加三级。

十六年。丁巳。**汪世选**，字捷之，辽东人，正红旗，刑部山东司郎中加四级。时荆楚、江右用兵，商艘阻滞，始召山船、庄船，以济军需。又稽核港弊，以杜漏越。由是贤能之声藉甚。至于处己谦抑，崇俭约，节浮靡，尤人所难。**菩蓝泰**。满洲人，正蓝旗，户部贵州司七品笔帖式加一级。

十七年。戊午。**鄂木恺**，满洲人，正白旗，户部广西司员外郎加二级。治榷严毅，时亲历司港，以稽转越奸商，知儆凯旋。禁旅道经苏郡，民恐甚。木恺白之主帅，秋毫无所犯。自枫江至浒镇，悉诣关感谢。前郭后鄂，并有造于居民者。**偏俄**。满洲人，正蓝旗，户部七品笔帖式加二级。

十八年。己未。**陶罗**，字子英，满洲人，正红旗，吏部考功司郎中。久在铨曹，贤声素著。又精通满汉文义，为众所推。甫受事，值水涸，维扬筑坝开浚，货艘阻绝，兼以岁饥，流民载道，商贾不前。罗设法招徕，克副考成，可谓贤能矣。**鄂奇**。满洲人，正白旗，礼部七品笔帖式。

十九年。庚申。**年哈**，满洲人，镶白旗，刑部广东司员外郎加二级。赋性忠厚，不事烦苛，商民乐其宽大。而老成练达，莅事精详，前此因循夙弊，一日除去。其果于厘剔又如此。**海伦**。满洲人，正黄旗，吏部七品笔帖式加二级。

二十年。辛酉。**鄂屯**，满洲人，正黄旗，户部陕西司员外郎加二级。以贤能简任权务，一仍前政，无所更张，与商民相安无事，远近便之。其宅心仁厚，待物开诚，不啻坐人春风，望之知为长者。**白少色**。满洲人，正红旗，户部七品笔帖式加一级。

二十一年。壬戌。**长命**，满洲人，正红旗，户部贵州司主事加五级。英年理榷，明敏绝伦，胥役罔不严惮姑息，积习为之一振。莅事三月，迁内阁侍读。**呀哈**。满洲人，正白旗，兵部六品笔帖式加二级。

二十二年。癸亥。**黄懋**，满洲人，镶黄旗，礼部仪制司员外郎。才品优长，兼通满汉文义。理榷不用严刻，行以厚道。关右兴贤桥渐圮，捐赀重建，工费最巨，利济甚溥。又以文昌阁明季颓废，实系本镇文教，鸠工鼎建，召羽流居之，其留心士民如此。**僧库理**。满洲人，正红旗，吏部七品笔帖式。

二十三年。甲子。**高必泓**，字廓如，辽东人，镶红旗，吏部文选司员外郎。澄清铨政，素著闻誉。特简权浒，时值严寒水冻，商贾不前，嗣因漕艘衔尾，赴北运道阻塞者累月，必泓凛遵功令，悉昭定例征收，向有计担计包之法，尽为除之，不以缺额经心也。**阿苏**。满洲人，正黄旗，礼部六品笔帖式。

二十四年。乙丑。**蔡音达**，满洲人，镶白旗，礼部祠祭司员外郎加一级。赋性和平，不事严峻。虽漏越必惩，未尝过刻，商民乐其宽大云。**雅清阿**。满洲人，正红旗，刑科六品笔帖式。

二十五年。丙寅。**桑格**，满洲人，正白旗，总管内务府慎刑司掌印郎中兼参领事。特简榷浒，甫至，修复永通渠，即便民桥也。未经上闻，卒以此获谴。商艘至关，先令其出结报明梁头货物，方行输课，所以杜欺隐也。后遂为例。**钟国玺**。满洲人，正黄旗，总管内务府笔帖式。

二十六年。丁卯。**禅代**，满洲人，镶黄旗，宗人府副理事官加一级。建议移关无锡县，远近骚动，代知舆情不协，申请督抚祈寝前议，以慰众心。**迈柱**。满洲人，正白旗，内务府七品笔帖式。

二十七年。戊辰。**桑豪**，满洲人，镶黄旗，刑部员外郎加三级。满汉文义兼优，才能迈众。特简兹任，即申请督抚备陈移关扰民，前议遂息。治榷尚宽，商民怀之，而瞻其仪容，乐易近人，有恂恂君子之风。**雅玳**。满洲人，正白旗，光禄寺七品笔帖式。宁静自处，佐榷得体。

二十八年。己巳。**闫承诏**，字纶庵，满洲籍，陕西人，镶红旗，吏部稽勋司员外郎。简任浒关，尊奉功令，厘剔积弊，率用严断，商民胥役，罔不畏法。**穆书**。满洲人，镶白旗，刑科六品笔帖式。

二十九年。庚午。**伊道**，满洲人，正蓝旗，理藩院柔远司郎中。兼精清汉书，尤晓大义。贤声著闻，膺上特简。治榷专尚宽厚，前此刻核之政，概行除去，即鞭扑亦不忍遽加，商民沾泽。四方宾旅相接以礼，吴中士子晋谒，极其谦抑，其崇尚斯文如此。又念吴淞、刘河、白茆、福山边海四港，旧例悉属浒墅分司管辖，所以漏越者稀少。近因海禁已弛，添设海关，兼以水涸，北来货艘不进京口，竟由大江扬帆东趋达海，潜往闽粤等处者有之。道深以此为忧，加意厘剔，亦司榷者之要术也。**常保**。满洲人，正黄旗，兵科七品笔帖式。与其长协心并以宽人著称。

三十年。辛未。**马逸姿**，字隽伯，陕西武功人，兵部督部司郎中，荫生。父玠，甲午举人，初任永嘉令，殉难，赠布政司参议，荫子入监。逸姿以例知霸州，政声籍甚，累迁部郎。庚午冬奉简命榷浒，时值水涸，兼以严寒河冻，商艘不前，逸姿不以缺额经心，悉遵定例征收，禁胥役不得索羡耗，令至严也。港政又极疏阔，农庄小艇听其来往，商民乐其宽大云。**马哈达**。满洲人，镶黄旗，刑部七品笔帖式加一级。佐理榷务，崇尚宽弘，不为峻急，远近安之。

三十一年。壬申。**布达理**，满洲人，镶黄旗，鸿胪寺少卿加二级。老成持重，不轻然诺，贤声久著。辛未季秋奉简书榷浒，一以厚道治之，御下尤宽，胥役颂其盛德。**龙官**。满洲人，镶黄旗，礼科六品笔帖式。

三十二年。癸酉。**浑哲**，满洲人，镶红旗，兵部督捕员外郎。存心忠厚，莅事精明。革除羡耗，悉遵二十五年部颁则例征收，胥役不敢浮额，商贾感悦。而港政又照旧制巡稽，农民称便。**张世俊**，满洲人，正黄旗，内务府乌林达。**星格里**。满洲人，正蓝旗，翰林院待诏。

三十三年。甲戌。来保。满洲人，正黄旗，内务府武备院员外郎。居心仁厚，赋质英明。奉简榷浒，甫下车，尽革陋规，其钱粮当堂设柜，遵例征收。令船商亲自交纳，随收随放，关津无阻。首禁白拉，痛除包揽。书办惟供书写，无权可擅；丈量止饬量船，无弊可生。大船起驳，向有陋习，保实意恤商，免其起驳，止收正供，各商上料必亲加体问，免尺免担，宽厚 [1]

三十四年。乙亥。董殿邦 [2]，满洲人，正黄旗，内务府员外郎。初莅任即免税货物一十九项，民甚便之。将半载，遵奉部文额加正供二万余两，乃仍旧征收，遐迩怀恩，商民颂德。为人沉默寡言，渊博儒雅。会计之余，究心典籍，笃志好学，又精工文翰，世莫尚焉。绥哈。满洲人，正白旗，刑部七品笔帖式。

三十五年。丙子。王藻图，满洲人，正黄旗，吏部堂主事。久主铨政，贤能素著。膺简榷税，革弊宽商，谦冲不伐而行旅相安，御下仁慈而胥役畏法，远近咸颂德焉。塔兰泰。满洲人，镶红旗，詹事府正字。沉静博文，处事周密，有古君子风。

三十六年。丁丑。瓦尔达，满洲人，正白旗，内务府上驷院掌印员外郎。奉简榷浒，崇尚宽厚，蠲免税料一十八项，商民戴德。索洛喜。满洲人，镶红旗，刑部七品笔帖式。

三十七年。戊寅。图尔亲，满洲人，镶红旗，鸿胪寺少卿加

---

1. "宽厚"以下，原本残缺。
2. "董殿邦"以下，"货物一十九项"以上，原本缺，据〔道光〕《浒墅关志》补。

三级。度量广大，不事烦苛，课额几亏，幸而获全，究以焦心致疾，闻者惜之。聂勒。满洲人，镶黄旗，兵部七品笔帖式。

三十八年。己卯。索尔敏，满洲人，镶白旗，刑部员外郎加三级。受事以来，淮扬水溢，货物少收，商艘寥寥。尔敏设法招徕，筹画鞅掌。适逢圣驾南巡，恩减税额二万两，官民胥庆焉。佟卜拉。满洲人，正白旗，无品笔帖式。

三十九年。庚辰。舒古肃，满洲人，正蓝旗，吏部考功司郎中加五级。甫擢铨曹，特恩榷税。即痛逐讼蠹，肃清积弊。存心惟尚仁慈，钱粮减半征收。行旅愿出于其途，拉棍罹法而不怨。攀留者载道，威惠咸宜，莫能尚焉。至于崇广闸楼、修堤建庙诸迹，尤其利泽之弘远者。吴赛。满洲人，正蓝旗，兵部八品笔帖式。博通满汉，学赡才优，又严稽漏越，慎赞勷之职，其裨益称最焉。

四十年。辛巳。王士俊，辽东人，正白旗，内务府广储司员外郎兼管佐领事。奉旨简任，老成持重。征税之法，皆遵旧例。其无锡查验之举，诚恐漕艘阻滞，不意讹言煽惑动众，后造谤者毕露，远近谅之。明图。满洲人，镶蓝旗，理藩院笔帖式。未至瓜期，恩升主政，英年异典，荣宠莫及。

四十一年。壬午。舒兰，字自然，满洲人，正红旗，内阁侍读加五级。典雅博学，性耽书史。持己端方，不轻言笑。家庭事亲，孝敬素著，无忝子道。立朝侍君，勤劳王事，克尽厥职。兹奉特旨，简任浒关。知习俗浇颓，时以伦理大义教化愚顽。至于征收得法，薄赋宽商，固其少展骥足之万一云尔。索达。字玉书，满洲人，正白旗，国子监助教。同心翼赞，亲查港弊，奸宄畏法，商民便之。

四十二年。癸未。来保。满洲人，正蓝旗，内务府都虞司员外郎加三级。拉桑阿。满洲人，正蓝旗，兵部八品笔帖式。

四十三年。甲申。纳汉泰，字耀宇，满洲人，正黄旗，内务府上驷院右司掌印员外郎，今升户部郎中。持己谦和，处事慎密。文艺并佳，尤精筹算。到任即行条约十六则，尽剔积弊，关政聿新。当堂令商人自封投柜，唱名给单，退迩悦服，诵声载道。是年，山东、河南荒歉，而本关课额能以善政化之。于是商旅云集，榷税得以独裕，其政绩之异可为明证矣。金柱，满洲人，镶黄旗，内务府正六品管伞官萨拉大。聪明特达，勤理榷务。国课充裕，皆由同心赞理之功也。关保。满洲人，镶黄旗，前锋校署佐领事。和平厚道，得长者之风。

四十四年。乙酉。巴锡，满洲人，镶黄旗，内务府掌仪司员外郎加二级。持己谦和，遇事明敏。时冬月水涸，粮艘阻绝，又江右遇籴，额课几亏。适圣驾阅河南，幸展限留任二月，复颁御书，有"云峰四起迎宸幄，水树千重入御筵"之句，皆其材猷卓越，故邀恩特厚也。是年八月任满。钮牛。满洲人，镶红旗，内务府正六品笔帖式管一应毡务事。

四十五年。丙戌。李延禧。三韩人，正白旗，内务府营造司兼掌仪司员外郎管佐领事。奉命司榷，夙夜不遑，以筹国课，急公是念，每事皆由己出，毫不假托。吏役其小心谨慎，乃所罕觏也。齐兰保。满洲人，镶黄旗，内务府包衣大。

四十六年。丁亥。额克青格，满洲人，正黄旗，内务府都虞司员外郎加四级，升宗人府理事官。气度豪爽，素性刚直。是年圣驾南巡，回銮后，天时亢旱，商艘寥寥，□致缺额，奉旨展限两月，得以无亏，其勤恪邀恩如此。**李杜六。**正白旗，内务府织染局乌林大。精于筹画，协力同心，实有赖焉，课额方足。

四十七年。戊子。**图巴海，**满洲人，正蓝旗，户部陕西清吏司员外郎加四级。**姚二哥。**满洲人，正白旗，内务府笔帖式。

四十八年。己丑。**华善，**满洲人，正白旗，内阁侍读加三级。在任时特旨升授太仆寺少卿。持躬谦谨，秉性宽和，夙兴夜寐，惟以国赋为灵，不敢少懈，其小心翼翼如此。**观音保。**满洲人，正白旗，内务府武备院八品拨什库达加二级。

四十九年。庚寅。**清海，**满洲人，镶黄旗，内务府广储司员外郎加二级。**巴实。**满洲人，正白旗，内务府武英殿监造笔帖式。

五十年。辛卯。**刘武，**字敏公，正黄旗，内务府会稽司员外郎。武之榷浒，一遵定制。当堂设柜，自报自纳。早晚两关，随到随放，夙弊澄清，欢呼载道。终始不逾，诚有道之君子也。**雷遇春。**正白旗，内务府武备院六品库衣大。

五十一年。壬辰。**巴泰，**字淳庵，满洲人，正白旗，刑部贵州清吏司郎中，继美刘武，邀恩转限。**桑额。**满洲人，正白旗，内务府广储司八品拨什库大。

五十二年。癸巳。**掐金泰，**满洲人，正黄旗，内务府广储司员外郎加一级。**董三宝。**满洲人，正黄旗，内务府养心殿监造骁骑校加一级。

五十三年。甲午。**偏图**，满洲人，镶黄旗，内务府都虞司员外郎加三级。**博和礼**。满洲人，正白旗，内务府包衣达加一级。

五十四年。乙未。**索柱**，满洲人，镶白旗，户部贵州清吏司员外郎办理江南司事加五级。是岁，水溢商阻，国课几亏。特恩展限半年，方始足额。**雅尔哈**。满洲人，正黄旗，内务府广储司乌林达加二级。

五十五年。丙申。是年裁省笔帖式。**吴善**。内务府广储司员外郎加三级兼参领佐领事。

五十六年。丁酉。**苏尔禅**。字文思，满洲人，正白旗，己卯科举人，上驷院主事。七月以疾卒于任。

五十七年。戊戌。**忒苏**。满洲人，正黄旗，武备院员外。

五十八年。己亥。**莽鹄立**。字卓然，叶河人，正蓝蒙古旗，理藩院员外郎加三级。鹄立明敏刚毅，宽减得宜，剔除梁头积弊，远近悦服。重建映清楼。尤工于诗画，所著有《塞上草》《三隅》等集行世。

五十九年。庚子。**喀尔吉善**。字艺臣，满洲人，正黄旗，内务府上驷院员外郎。世袭拜他喇布勒哈番加三级，奉简榷浒，实力恤商，省刑宽赋，商民更生。接士以礼，御下以宽。性复沉潜嗜古，虽在烦牍之暇，尤必留心翰墨，检阅不倦，其好学如此。

六十年。辛丑。**齐玺**。

雍正元年。癸卯。**张廷枚**。字卜臣，正红旗，汉军参领，内务府会计司员外郎世袭佐领加三级。特简榷政，布德商民。澄清积弊，廉洁自矢。远近颂德，尤能敬老慈幼，重士礼贤。捐俸设立义学，以培俊秀，有古良吏之风。

雍正二年。甲辰。**何天培**，满洲人，正白旗，挂镇海将军印，头等阿达哈哈番，署江宁巡抚。矢志公忠，饮冰执玉。才兼文武，德被军民。带理榷政，官得其人，商安其业，诚圣朝之良弼，盛世之元勋也。**王嵩**。字峻天，山东人，扬州府同知。抚委带理，榷政公清。

三年。乙巳。**胡凤翚**。字苞客，汉军人，镶白旗，内务府郎中。钦差苏州织造加四级，带理榷务，四年二月去任。

四年。丙午。**高斌**。字东轩，满洲人，镶黄旗，内务府郎中。钦命苏州织造兼理浒墅关务。

五年。丁未。**高斌**。六年二月赴阙升用。实心尽职，公尔忘私。正身率下，知人善任。凡所题请，减小贩税，剔梁头弊，及重司港，去冗役，定单钱，填堂簿，诸事悉为后宪不易良法，其有功于国课民生如此。寻升浙江布政使，惠声甚著。七年，调江苏布政使，八年三月，复带理浒墅关务。

六年。戊申。**李秉忠**。字惟良，正蓝旗，特授以按察使衔管苏州织造兼理浒墅关税务加三级，纪录四次。

七年。己酉。**李秉忠**。操守清廉，居心仁厚。督关以来，厘剔厘头陋规，减免豆税火耗，且崇文教，重修圣庙；利民生。平治桥梁。恤商柔远，梯航来自遐方；执玉饮冰，赢余悉归天府。商民云集，课税丰盈，于公称最焉。

八年。庚戌。**海保**。号万涵，满洲人，镶黄旗。钦命督理苏州织造兼理浒墅关税务，世袭拜他拉布拉哈番加一级。公方正[1]

---

1. "公方正"以下阙文。

卷之九

员　役 委官人役

自古禁令之加于员役者倍严，而钞关更甚。盖财货之地，人所争趋，不得不慎重其事。明季滥觞已极，诸弊丛生。迨我皇朝，凡敕谕之断自宸衷，条奏之出于台垣，亦可谓严且密矣。而五年召募，尤功令之煌煌者，乃自有明以迄今。兹详其沿革，以书于左。

明

嘉靖四年，御史杨彝奏准，皂隶、门子、书算等项听各该有司审编，照常额送役，不许自行收取更换。

九年，户部奏准，该巡按御史于所属府州县内选委廉能佐贰官一员，每季一换，每日赴厂听钞关主事督同公平秤收，当即封固，送本处府州县收库。

令各该主事行该府州县，每关于均徭内编审门子二名，库子四名，皂隶八名，随照彼处编审，年分更替。仍行该府每年拨吏一名，在关书办收掌卷宗。州县每月送吏二名，填写票簿，计算银两。其商税巡拦、地方总甲，悉听主事钤束。

又奉旨：钞关无籍之徒，专一招接船户，引写报单，打点纳料，是为铺户，今后止许本商备办足色银两，径自到厂照数报纳。

二十五年，令抚按衙门会同部官选委该府廉能佐贰官一员，太仓州、长、吴等县佐贰官一员，前来浒墅镇收钱钞，巡闸放船，稽查日进数目。不许滥用府县首领义民等官，以滋奸弊。

主事蒋宗鲁呈部转行抚按衙门，令苏州府仍照原编，县分各送殷实库子一名，轮收钱钞。

又，户部咨抚按衙门，令苏州府选考过听缺吏农二名，与前御史所议三名，共止五名，按季送关，填写船票，计算钱钞，发收公文。长、吴等县再不许滥送市民书手，其门皂亦轮季更换。

四十一年，令巡按给号簿一册，与佐贰官赴厂听主事督同收受，逐日缴报，如登记有遗，或所委府佐通同干没，该巡按御史查访轮劾。

万历元年，奉札按季委佐贰官填给小勘合，同舍人起解本色。

三十二年，奉札汰革候缺吏二名，候缺书手七名，追出每年冒领工食银一百六十二两入官。

皇清

顺治二年，浒墅关移会督抚按，委巡捕官一员，抚按送库吏一名。

六年，奉札革去苏州卫，拨充本关舍人。

九年，户部覆巡按上官鉝疏：各关员役，经制外尽行裁革。又奉户部札，裁去铺户，召募丈量手十名。

十三年，书吏攒典赴部纳银充役。外有库吏亦纳银一百两，攒典纳银十五两。

康熙四年正月，奉上谕停止关差，归并地方官掌管。五月，御史郑为光疏称：关差既并，关蠹宜清。一切书吏攒典等役，尽行裁革，不许复入归并衙门，况所并之处自有衙役，不过供书写奔走，毋烦群蠹攘臂侧足，以滋商害。奉旨裁革，不许复入归并衙门。

又，户部覆御史萧震疏：钞关积弊孔多，皆由蠹役积年盘踞，巧立名色，借端勒索，商民困苦，宜尽除革。

五年，浒墅关归并苏松常道掌管，委苏州府佐贰官一员为巡捕。

六年，户部覆户科查培继疏：关蠹蟠踞，兄缺弟充，叔缺侄入，假称召募之新役，实即旧蠹之分身，影射术工，殊难厘剔。行该督抚察访禁革。

又，吏部覆工科李宗孔疏：各关旧役既裁，如有兄弟叔侄更名顶充分布嚼商者，该管官不行禁革，或督抚纠参，或傍人首告，将该管官并该役从重治罪。

七年，道缺裁汰，苏州府通判权摄，随归并总捕同知管理，委吴县佐贰官一员为巡捕。

八年，户部覆礼科苏拜疏：各关书役照经制名数召募应用，旧裁汰书役通行禁止。其巡捕一官，该监督移会督抚委用。

又，吏部覆工科柯耸疏：近例书吏，五年考职，所出之缺，另行召募。各关阳奉阴违，旧役盘踞，严行禁革。

九年，吏部覆御史徐旭龄疏：各关经制书役，取原籍地方印结送部，嗣后关役缺人，该差监督照定例召募，若私用旧役，扶同容隐，或傍人出首，或科道纠参，将出结官、该管官一并议处。

十年，御史何元英疏参扬州关、芜湖关书吏俱系土著，又有攒典设立公座，保家改名歇家，包揽写单。北新关书吏实系旧役，崇文一司蠹棍成伙，奸弊百出。奉旨严行禁革。

十二年，奉巡抚都御史马祜移文，将扬州关书办改拨浒墅关供役。

又，奉部文，各关书办照五年役满定例，不必改拨。

又，都察院金都御史严沆疏参白役为害不浅，大小衙门人役经制外，滥收皆有处分。今有白役犯赃，照衙蠹一例拟罪，失察之官先经滥收，仍应革职。

十四年，户部奏准，各关船厂、河道衙门书办外郎照顺治十三年纳银一百两。

明

嘉靖年间人役：

委官一员。嘉靖二十五年，员外郎蒋宗鲁具题，户部覆奏，选委廉能府佐等官收料，今后再委首领义民等官者，参究如例。

府吏一名。收掌文卷时，该府每季轮送吏农三名。

县吏四名。长洲县二名，吴县二名，填写簿票，一季一换。嘉靖二十五年，员外郎蒋宗鲁因积年书手假充呈部，议革书手，行府送吏五名。

老人八名。轮流二名，直日开闭浮桥，遇该更替，行县审送。

阴阳生八名。轮流二名，直日报时，遇该更替，苏州府阴阳学审送。

库夫四名。太仓州昆山、常熟、嘉定县各一名，俱徭役内编金。每季一名，季终更换。嘉靖二十二年，被积年铺户谋收船料，废去库夫。二十五年，员外郎蒋宗鲁呈部查复旧例，革去铺户。

门子二名。长洲县一名，吴县一名，俱徭役内编金。

皂隶八名。长洲县四名，吴县四名，俱徭役内编金。

馆夫一名。姑苏驿呈送。

水夫十八名。姑苏驿并递运所呈送，大座船十名，小座船八名。

民快三十名。长洲县十五名，吴县十五名，日则护送船料贮府，夜则巡更看守库藏。

弓兵三名。木渎、吴塔、望亭巡司审送，每司一名，一年一换。

总甲六名。轮流二名，直日把路巡风。

舍人五名。每年四季赍报税课文册及到任呈文，遇该更替，行苏州卫审送。

银匠、凿字匠六名。遇倾销时，行县呈送。用毕发回时，起解本色止用倾解扛银两。

船埠头一名。

已上一十六项，开载主事陈大咸《关志》。

万历年间人役：

大委官一员。抚按衙门定委，每季一换。

小委官一员。抚按衙门定委，每季一换。

库吏一名。抚按衙门批送，半年一换。

给札书办九名。报部给札。

下房吏一名。照原限三年，满日更替。

援例吏二名。照原限一年，满日准作一年退役。

舍人六名。苏州卫审送。

造办稽考奏册书手二名。旧例额设。

写单铺家十九名。长、吴二县审送。

门子二名。长、吴二县拨送。

皂隶八名。长、吴二县拨送。

快手十二名。旧例：三司弓兵各四名拨充。万历二十四年，主事董汉儒以关部人役听别衙门比较，不惟误事，抑且非体。行文长、吴二县革去弓兵，改为快手，自给工食，免行金解，相沿为例。

委官员下书手一名。长、吴二县拨送。

已上一十三项，开载主事王之都《关志》。

皇清

经制人役：现行事例。

捕官一员。廪粮银二十四两，会同督抚委用。

书吏八名。每名银一十二两，共银九十六两，五年役满。

已上二项，开载《长洲县赋役全书》。

巡拦十名。每名银三两六钱，共银三十六两。雍正二年，奉部严查冗役。署抚院何天培咨覆：本关并无巡拦各色。

已上一项，开载《昆山县赋役全书》。

门子二名。每名银七两二钱，共银十四两四钱。经制二名之外，抚院拨送。

皂隶十二名。每名银七两二钱，共银八十六两四钱，长、吴二县拨送。

已上二项，开载《常熟县赋役全书》。

伞扇夫三名。每名银七两二钱，共银二十一两六钱。

铺兵二名。每名银六两，共银十二两。

灯夫二名。每名银六两，共银十二两。

已上三项，开载《嘉定县赋役全书》。

轿夫四名。每名银七两二钱，共银二十八两八钱。

已上一项，开载《昆山县赋役全书》。

报部人役：

丈量手十名。顺治九年，主事冯达道奉文裁革铺户，召募丈量手。十年，员外郎严我公将丈量手张嗣良等十名报部给札，止许执丈杆量船，并不经手课钞，听商民自行投柜，亲填堂簿。康熙十九年，员外郎年哈申请巡抚将候缺书吏倪国瑞等十名带管丈量设柜秤收，旧例遂废。二十五年，郎中桑格照旧召募王大成等十名行州县取结，申报抚院收用。

已上一项，州县取结报部。

额设人役：

京册清书书手二名。造册解部，额设已久。

京册汉书书手四名。造册解部，额设已久。

壮猪丈量手一名。例管港单。

小猪丈量手一名。例兼蒜料。

快手十二名。

阴阳生四名。康熙五十年，员外郎刘武更名传事吏。

已上六项俱照旧额设。

康熙二十六年，户部覆山西巡抚马齐疏：吏攒纳银之例停止，各衙门照所出缺召募着役，其已经纳银者，将银数报部。奉旨：依议。

经制招商丈量手一名。康熙三十七年，刑部员外郎索尔敏将金芝秀报部经制。三十九年，署总督部院陶行布政司转行取结，奉檄刊入。

兵员。崇祯十一年，主吏庆设立以防守藏。

听事。以供巡稽差遣。康熙四十七年，奉部严查冗役，并查兵、听二项。监督图巴海呈覆：至查兵、听二项，设立已久，明主事杜嘉庆因钱粮重地，设立兵官防库。我朝顺治十七年，主事李继白添设听事，以供巡逻差遣，本关给发工食，并无钱粮经手，亦无扰害商民之处。缘奉部查，合行呈覆。四十八年十一月，奉户部札付：兵、听，该监督既称并无钱粮经手，亦无扰害商民等语，相应准其防库巡逻可也。雍正元年，复奉部严查冗役，扬州府同知宪委兼理关务王嵩呈覆署抚院何转咨户部，内称：兵、听二项，设立已久，于康熙四十八年户部给札，准其防库巡逻在案。是兵、听二项系奉大部准设之役，并无额外添设。今将书吏丈量花名造报，伏候核咨。二年又四月，奉署抚院何批：仰候据详咨覆，缴册存送。

召充皂隶。向例长、吴两县拨送，因河皂奉裁，雍正五年，部台高斌饬县不必拨送，本关遵例召募年壮朴实者充当。雍正六年，部台李秉忠通咨着役，以为定例。

卷之十

兵 防

兵防一款，郡邑乘俱详载，关志独缺而不书，以无其制也。兵防自明季始。明初，关课以钞不以银。中叶，钞腐无用，乃征银贮郡库，间左奸豪易缉也。末造，寇起中原，人心思逞。关课重地，不得不早为之所。请兵之说，昉自甲申。我朝鼎兴，浒关一汛，初属抚标，既属提标，终则归城守，而兵防乃定。

明

崇祯十七年，浒墅钞关主事张永禧以关镇去郡城窎远，有警不及相顾。癸未、甲申，寇氛充斥，江淮骚动，奸宄思逞，库藏可虞。申请巡抚都御史祁彪佳设兵三百名，防守关镇。题准蠲十日关课充饷。

祁彪佳　请兵回文略

照浒墅关财赋巨区，当此地方多事之日，奸宄处处生心。此地无城无兵，何恃不恐？特以钱粮无措，前准移文转烦贵部图维。今荷贵部留心，畿辅议定，设兵三百名，以保障一方。其岁饷不烦措办，即取之本关一年而止，蠲十日之入，谅亦圣明之所不靳，而主计者所嘉与也。即日具疏上闻，合先移覆。

皇清

顺治二年，巡抚都御史土国宝委官一员，巡防浒墅、官塘一带地方。是年未定经制，兵无定额。

四年，始定经制兵丁一百名，称为浒关营。关署另募家丁，兵官率领防库。

康熙元年三月，奉旨归并提标把总一员，兵丁一百名，巡防浒墅阳山、白豸沿塘一带地方。

十一年五月，浒关汛把总一员，兵丁一百名，归并苏州府城守营。

卷之十一

官　署

榷署坐坤向艮，负山临河，左以竹青桥，西入二里许，陡折而南，行三里许，又陡折而东，出于署右之赵王泾桥，环流方正，不凿而池，如天造地设然，诚胜地也。

分司署，在长洲县二都六图浒墅镇。明景泰元年，户部主事王昱建头门为楼，名曰"明远"。仪门右立土地祠，正堂三楹，左右为吏舍，后有堂楼闸亭临河。弘治六年，主事阎玺建库于堂侧。九年，主事刘焕建燕思堂。十二年，主事赖先建小闸，与闸亭相对。正德六年，主事于范建大堂，题其额曰"国计"，恢扩库藏，对署筑"水鉴"大垣。嘉靖元年，主事刘晔然建冰玉堂。四年，主事冯承芳改门楼为阅帆堂，右建高士轩。二十二年，主事董子策建敬士轩。四十年，主事郑云鉴改安贞堂为"聿修"，以示克绍祖德之意。万历七年，主事赵惟卿左建钟楼，右建鼓楼。又构自公楼。十七年，主事李开藻题大堂曰"廉谨自持"，此纶音也。二十六年，主事高第购民居建寅宾馆。三十二年，主事王之都堂右置振浣轩。本朝顺治四年，满汉兼差，满官居左，汉官居右。二堂左为清册房，三堂后有楼。康熙八年，郎中黄虞再改建衙署于堂右。九年，满汉员外郎桑梓、郑鏴新重建大堂，改"国计"为"惟正"，规模焕然，坊曰"国泉外府"。

　　杨循吉　燕思堂记

　　国家立钞关，一在浒墅。弘治丙辰，户部主事刘君尧章实以推选来主其计，商平赋均，克有成绩。惟是公署无退食之室，宾至茗于厅事，弗便，慨将画之。顾视厥后有庑相直，惟辟右是宜，则窒其北，牖其南，垣其外，中设揖让之位，而且以为息焉。不费而亟成，题曰"燕思堂"。于是延凉纳温，冬夏咸宜，图史在座，花石盈庭，客之登者，莫不乐之。他日，以其意命余以记曰："官政之修，惟思乃克，然非偃仰优柔之有地，则思亦无寄焉。自吾来兹，夙夜匪懈，惟勉其职是图。然南樯北舵，日勾较不暇，虽欲览古今以求通于务，其无能矣。顾吾为斯堂，盖以思而不以豫也，敢弗志乎？且是涂居要津之会，凡巨公魁士由南北而来者，无不得皆接，是吾堂日有人焉。彼皆天下之英俊，吾宜思而与之齐，庶其及也。夫燕居燕也，燕会亦燕也，一名二义，而皆用吾心，故谓之燕思也。子其书之。"

　　君名焕，真定藁城人，癸丑进士，莅官公清，尤洽文史，达于治而厚于德，识者期以远大。其为是堂，广己之道而后遗之益，非无谓以为也。遂谨受而记焉。若其概，则君所云皆具，书事贵核，故不复列吾言云。

于范 国计堂记

凡水陆场务，所榷者皆为国家计也，至于算商舟，则以部职主之，盖利重课多，又计之大者也。余作分司堂，因以"国计"名焉。或曰：国计盈缩，系乎人有廉墨，堂之崇卑不预焉。虽然，隘陋至于等威不辨，亦非所以别上下而重名器也。

辛未岁初，余承命来浒，见其堂敝甚，广仅丈许，高不及半，藉地不阶，其势硗然欲倾，且湿淖不可居。中列公案，右围板为库，间以木屏，库役止宿其间，朝夕嘈喝，甚非规制。盖为主者仅一稔，而代以期近，易为因循，且去府余三十里，阻于远，难为葺治，是故相寻，日就于圮。余为之怃然，遂锐志修理，顾费无所出，乃较算区画。凡船有匿税不输者罚之，使出木数株或砖石灰瓦若干，输而不尽者半之，土人号铺户而揽纳者又倍之。积三月稍裕，乃谋及郡守，林君利瞻忻然曰："某之职也。"即为命工遣役，撤而新之，视旧制加拓焉。增四楹为轩，筑三级为阶，因阶为道，达于大门。堂四楹，轩如之，高二丈二尺，广倍焉，前后相距则三丈有奇。侧为库房三间，缭以高垣，封以坚户，用寄料银，暮使库夫环守焉。虽不甚壮丽，望之亦颇轩敞轮奂，视昔有间矣。

或曰：损上益下，国之大计也。今子割下所有以华其居，且以"国计"名之，无乃左乎？余曰：不然。处己以公而廉，待人以明而恕，其损上益下之道得矣。若夫商船，影射不输者则奸人耳，且人尤而效之，国课亏矣。罚而不宥，正以为国计也，以名堂，乌呼不宜！是役也，经始于三月二十八日，讫工于五月二十五日。林君谓不可无言以纪岁月，故云。

郑云鉴　聿修堂记

弘治甲寅，先大父晋斋公视榷浒关，迄今六十有八年矣。嘉靖辛酉秋，适司榷告代，尚书熙斋高公疏鉴名上请，时以秩满辞，不果。乃复叨役于兹，因按谱牒，追溯佑启之谟，而我大父公明廉恕之声耿光如见，鉴未始不欣然幸也。

顾是关之设，实当吴会之冲，岁计甲于诸省。爰自景泰以来，伟人彦士，代著简书，而孙祖承传，实自鉴始。君恩甚泽，敢忘所自？虽然，亦未始不惕然惧也。惟我大父以进士起家，摘英翰苑，历司金部，出守雄郡，时以逆珰煽虐，乃浩然请老于家者几二十年。善庆所钟，延于孙子，鉴之不肖，亦承休袭荫。自登第时，每承家君手书，拳拳以守身守官、敬承先烈为训。迨窃禄以来，劳边、理储、视赈诸役，辄步我祖之往躅，仰承清白之遗，恪守义方之训。随所任使，莫敢不悉宣心力，以期一得之报称。至是关之役，历有岁余，陟降羹墙，鉴观尤切。夫残编遗笏，犹比甘棠，矧公庭之茂荫方滋，蓥也其容已于思乎？
承学守法，即管库犹可，况叨下大夫之秩，蓥也其敢不加
勉乎？粤稽世德，率称颍川，而惭卿惭长，尚贻识者之诮，
矧屑劣如蓥，履斯地而登斯堂，能不偬偬然惧乎？

《诗》曰："无念尔祖，聿修厥德。"三复斯言，盖窃有
感焉。既以书诸绅，复以名其堂，并识岁月，庶几率祖攸
行，一饭不忘，后之君子，倘有作求思永、追增绳武之光，
亦必能谅予之心者矣！堂旧扁"安贞"，岁久漫漶，因僭易
以今名。其楗基规制，悉仍旧贯，志中已具，兹不复赘云。
嘉靖四十一年九月望日。

严讷　钟鼓楼记

浒墅之榷，岁以司农分署者旧矣。署去郡城二十里而
遥，前溪后原，厥境浩旷，非有阛阓棋布，缭垣旋绕，而
堂宇湫隘，防卫弗严，余每道而南北，则辄有慨焉。岂宦
于斯者率传舍视耶？抑榷务旁午弗暇计耶？抑以劳民费财
为嫌而袭仍旧贯耶？夫以瓜代之驶，席未及暖，行驾已趋，
则势之未暇固有然者。

真定柏乡赵公之莅榷也，谓榷以弊弛则税者漏，漏则
亏公；途以榷壅则行者滞，滞则病旅。于是戒津吏，申禁
约，刷厥蠹废，躬则晨兴启钥，坐阅竟日，关无留舸，昔
之舳舻纷辏，甚或鳞次栉比，阗渚而弗疏者，今且荡若长川
焉。而震泽之滨，支流滑窦，则莫不兢兢禀度，无敢越逸。

由是税者称平，行者称便，公课登，途旅悦，颂声四溢。而公亦委蛇不烦，暇则览景物而纪载，采风谣而赋咏，油然有余思焉。则又曰：费鲜而利博者，费不足靳也；劳迩而计远者，劳不足惮也。乃稽羡度址，程工度事，于署之左右建楼，而庋钟鼓其上，稍仿《周官》修闾氏互柝之制，于以节晨昏而表讥察。署堂之后则为自公楼，俪昔所谓阅帆阁者，以壮屏倚，盖不逾时而工告成。余适维舟信宿其墙，则见署构聿新，鼎峙翼张，咢鼓孔镛，严更达署，非复曩时之苟简矣。余方韪公所为，而关士施文学辈造余而称曰：公之尹邹平也。其循良之政动为百姓根本计，尝拓聚庐以宅贫民，既报内擢矣，而孜孜观成，犹弗忍置。今兹视榷，令信惠孚，百职修举。濒行，又为斯署创此永图，盖弭患于无虞，而贻休于无疆也。是不可以无籍也，敢以记请。

余谓毕公以克勤弼亮，卫武以洒扫章民，单公以道莁危陈，孔子以墉完善蒲，自古记之矣。公之斯举也，有朝考夕序之虔，有警聋振聩之思，有惜阴待旦之怀，良非谋一身、营一时者。他日靖共在位，以佐宵旰之理，使兴歌作息，节和金玉，而协保雍熙，亦以斯心运之而已。遂书以俟之。

孙珮　重建分司惟正堂征诗启

粤惟虎疁一镇，鳌峙三吴，枕夛山而负箭峰，群峦拱翠；环枫江而瞰射渎，众壑涵清。四方藉为要途，百货从兹萃处。爰立榷务，佐国计者垂三百年；特设部员，著贤声者几数十辈。《通渠记》《石虹记》，一赖兼营；燕思堂、冰玉堂，两刘继建。登阅帆而眺远，冯桂林之迹犹存；创义塾而流恩，方怀宁之泽尚在。诸贤列祠，宏感释奠先师；敬事云轩，元正垂模后学。季礼修街捐俸，桥遂号佘；谊台出羡筑堤，塘因姓董。楼悬钟鼓，柏乡赵使题名；阁奉文昌，冀北马君书字。观昔贤之嘉迹，为后起之芳型。

若夫国计堂，于觉甫勤劬创始；至于分司署，王尔章拮据重修。何转瞬瓜期，看梁木之渐坏；乃视为传舍，听楹角之将颓。百年之营建无期，一日之垣墉奚自。恭遇桑公钟英辽左，由秋官而出典雄津；郑公毓秀闽中，自度支而兼权重计。却韦皋之羡，陋规首除；鄙李兼之征，需索永禁。宽港政而间闬之贸易惟熙，厚廪糈而吏役之饔飧乃给。念堂阶之倾圮，捐常禄以鸠工；忧厅事之漂摇，出帑金而肯构。七月经始，共羡如松茂如竹苞；数日落成，同祝美哉轮美哉奂。嘉宾临乐土，聿庆跻堂；估客渡安流，无烦仰屋。攸宁攸跻，堪追往哲齐踪；斯棘斯飞，克并前贤比德。宜集衢谣巷咏，缀入志中；当取篆勒碑题，表章廷侧。所望同志式惠好音，共欣附骥之荣，庶慰登龙之慕。谨启。

委官厅。在八都二十图便民桥右。

浒关营署。在八都二十图，即永泰庵，祀泰山元妃，今改营署。

卷之十二

义　塾 附社学[1]

《记》曰：家有塾，党有庠，则知古之人无地不立学，以教其民也。又曰：凡始立学者，必释奠于先圣先师，则知古之人无地不崇先圣先师，以教其民也。浒一镇耳，创义塾社学，俨若郡邑制，浒于是乎有古人风。

义塾在二都七图，基六亩三分一厘。明嘉靖九年，员外郎方鹏建。中立至圣庙，左右庑各三楹，凿泮池，构明善堂、启圣祠、教读厅、礼楼、圣功坊，朔望必拜谒。是年，督学御史委长洲学训司之，条约略备。十一年，主事陈大咸改教读厅为诸贤祠。四十四年，员外郎王以缰重修。万历七年，废为演礼亭。十一年，员外郎张世科修复。四十二年，主事李佺台拓塾宫，辟云路，东坊曰"贤关"，西坊曰"圣域"。皇清顺治八年，主事李起元重葺。

1.　"附社学"三字,原本无,据书前"原目"补。

华钥　浒墅镇义塾记

浒墅镇岁设户部官一员，总莅关课，其沿旧矣。员外郎怀宁方公其大于其事事之明年，展土创塾，以教乡人，又创范文正公书院，岁一祀之，以为乡人劝。时民乐其役，士归其教，卓闻日起。会督学晋江丘公至，又委学训司之，条约于是略备。方公当代司训，黎国用暨诸生唐勋、蒋芝秀谋所以纪之者，问言于余。余每叹近文正乡，弗克扬澜遏流以衍其休，而庸可以不文辞哉？切惟先王立教，因地制宜，以维民性。诸所作息向往，必试诸礼义廉耻之归。其间党有塾，又教所自始也。今三吴郡县，莫不有学，国家造士其详矣。乃若古之小学以前丰植根本者，亦存乎其人焉耳。

浒墅，吴之饶会，日惟长短奇赢以相滋殖，不知吾性为何物，所以迁之者方胶固牢结于其中，其视先王之教谓何？斯塾揭祀文正，自吾民一念自趋之天而触之，殆必有悠然同得者矣。夫文正之道，复性叙伦而已，吾性炳如日星，岂假外求哉！若徒杂服腴闻以自足，而曰学云，非文正之徒也。学譬则射也，性若的也，古人其彀率也，君子能引人以彀率，而不能必其中之巧。学之者，夫亦必诸其心，副之以力，持之以安，亦庶乎其可也。

呜呼！监察化人之要，方公辟塾之意也。然余又闻公于关政不塞不疏，慎固以先廉洁，其贤于人者远矣！而今日风厉之端于是乎在，不然，急役烦民非细也，而各以地、以田、以圃、以力趋之若豫焉者，其孰能之？公其往矣，敢以是风诸人人。

陈大成　诸贤祠记

国家治放《周礼》，惟缮服取诸关市之入，故津会有榷，浒墅其一也。司关掌国货之节，凡货贿出入与其治禁，皆属焉。兹民署之僚以命，往典厥采其司，与夫榷者致财、司榷者所以致乎财者也。近腻易润处，阿堵恶有余色？征商税舟，又非政之善者。呜呼！盖亦难矣。

夫君子能有所期也，故能有所立，然后有所成。图难于其易，允臧哉，可以观政矣。关于浒百有余年，部使者主之，肇自景泰，至弘治著为定制，以岁会为瓜期，交承事事，凡若干人，皆法施于民，以益于时，在祭法宜祠也。粤稽故籍，文正公降灵，彭华为浒人，旧祀寝废，方其大甫始复于广福。夫公振古德，业鼎彝，竹帛有勒，鲜克俪矣。宜其血食是邦，以存典型。士游兹土者率寤寐向往，以为依归。旷世相感之妙，有不容于己者，又前后部使之相踵，均百僚师师之臣工，虽有刚柔静躁之殊，要皆惟义之安，并洁联光，占名世籍。斯举祀诸臣而叙文正公典礼于诸臣之上，得非阐百世下自附之私，而公之推贤与能之心亦可见矣。夫彰美于前，传盛于后，心神领会，其揆则一。风教树于一方，吾道赖以不坠，夫岂小补也哉？

尝闻乡先生没而祭于社，贤士大夫有功德者，所在置祠。兹义塾傍有厅事，爰新之以示文正公。升分司题名，群公以附其后，俾春秋报享一堂。先朝露者尸祝之，见位鼎司，则扁爵里姓氏而揭之堂，盖取生祠之意，俟后之同志者采而登之，因书其额曰"诸贤祠"。

义塾田

万历十一年，员外郎张世科置田三十亩。十四年，二都耆民朱基输田二十亩。十五年，镇民徐滔输田八亩。

社学在八都九图，明万历十一年，员外郎张世科建，中设圣像，匾曰"养正"，左右厢房后屋三楹，甬道外建仪门、大门。

金应徵　新建养正塾记

古循良之吏，莫不以教民为重务。若文翁之治蜀郡而开讲堂，延寿之治颍川而好教化，诚知务哉！此《易》示养蒙之贞，《书》垂教胄之法也。

吴郡古称右文地，逮入国朝，文学彬彬，甲海内矣。浒墅去郡城仅二十里许，榷关攸在，而民逐什一之利，争刀锥自润，其子弟亦相沿习，求其通诗礼、敦孝悌者，殆寥寥焉，岂习俗之移人一至是哉？大司徒张公产自邹鲁洙泗间，稔闻孔氏声教，奉节莅止，喟然叹曰：十室之邑，必有忠信。关居三吴之冲，邻多士之域，生齿稠密，不宜十室，宁无忠信生其间哉！今若此，非独其子弟罪，抑父兄莫之教。即教而苦无师资，其风靡然，卒莫之振，有以也哉！于是捐俸构居彩云里，群子弟其中，择经明行修为众所推曰吴金者，聘主占颂，复置傍田二十亩有奇，岁食其入，俾无计脩脯，称为社学云。是举也，启门崇堂，中设皋比，既集图史，陈以棐几屏榻，生徒长幼进退以时，坐起有礼，有不率教，威以夏楚，彬彬有邹鲁风焉。乃若地选幽偏，避市喧也。师任老成，黜浮薄也。榜以"养正"，崇圣功也。给以禁牒，示法守也。

噫！司徒之用意亦勤矣。阐明文学，追踪卜商，嘉惠子弟，比迹子产，岂止挽末俗而登隆盛也哉？然则师若子弟，必实心奉行之，达则为国家俊髦，穷亦不失为乡邦良士，庶几无负斯意焉尔。

社学田

万历十一年，员外郎张世科置八都二十图菜字号田二十亩。

卷之十三

祠 院

祠院之设，所以崇奉先贤，使后人有所则效也。浒镇祠一而书院五，垂教之意远矣。

范文正公书院在八都九图广福庵左。明嘉靖九年，员外郎方鹏建，有裔孙主祠。

冯梦祯　重修范文正公书院记

宋范文正公，学术则为纯儒，立朝事业则为纯臣，垂范子孙则为贤祖宗，而师表百世则为殊绝人物。

公故吴人也，少遭闵凶，流移转徙，以致显达，故京雒齐鲁间，皆有公名迹。既贵，复归吴，故公庙祠遍于南北，吴中尤盛。公之一言一行，遗风余烈，无论士大夫争为传述，即妇人女子具能言之，故其庙祀所在，即至衰歇，化为荒烟野火，而士大夫好古嗜义者，辄能饰而新之，以树世教，盖不独爱人思树，秉彝好德之心不可泯没，而公之风烈精神实有以鼓之矣。

公尝读书济南之长白山中，其卧起游历处，至今遗踪仿佛可暏。民部即榷关王公者，济南之新城人也，少尝挈子弟读书其处，禀仰风流，追玩遗迹，依依不能释去。既贵宦游，又得莅公之里，其于公似有夙缘，以故乐新公祠。浒署隔水，广福庵之左，故有文正公祠，王公初至修谒，见其堂宇颓然，阶下杂沓，心动而未敢言。会学使范长倩相见，语及祠之所以颓紊状，词色惨然，而以重修为托，王公唯唯。

其明年乙巳，乃偕承祀范生允恒按行其处，则知为守祠宗人彦伦者挈其内姻沈某同居，沈又挈其姻党擅造私房，横塞神路，其他匹居群处者，尚累累也。王公绳以三尺，逐之他徙，选耆民二董役，始新正堂，添造两庑，绘公遗迹，又添仪门，以分内外，杜塞旁窦，外为大门，门左右以居奉香火者，余俱严禁。凡以工计者若干，为费若干。祠既成，当树之碑以识成功、诒不朽。而范生允恒者，故尝与余有笔砚之旧，乃令为介，以记请。

夫古之君子，先成民而后致力于神。以余所闻，王公初至，念近岁取民无艺，所征料额外例溢加一，亟令损之，及额而止。关南苏、松、杭、嘉、湖五郡兴贩小商船叩关者，向入科税，今一切蠲除，商民咸德之。积有羡余，以待公用，报之两台使者，不入私橐，盖王公之所以成民者至矣。而后斥其余力，以饬先贤祠宇，合万姓之欢，以申馨香之荐。文正公在天之灵，宁不亟享之？故吾谓惟有王公之称职，而其崇祀先贤为可称也。若其职业之隳弃，民力之不存，私橐之是营，而欲以媚神渎祀，托先贤以文其短，神之聪明正直，宁不吐之，何以称焉？又尝论之君子之泽及子孙者，虽至远不过五世十世，而其风之被于天下及后世者，每至于无穷。即如文正之祠，圮之毁之，乃其典香火之子孙，而修复饬新者，则风马牛不相及之齐鲁缙绅也。是故君子之修身善世，亦慎所以风之者而已。至以先祠为急，白之当道，以绵其世泽，如长倩学使及允恒者，亦范氏之贤子孙也。因并记之。若长白山祠堂，则今少师申相国记之，其文高古典则，足光盛举，又远非鄙陋所及，姑以承王公雅意云尔。

张赐闲公祠名枧，号起韶，横渠后裔，在二都六图。明崇祯十七年，主事张永禧建，裔孙张体仁奉祀。本朝顺治十一年，督学翰林院石申批，体仁嫡孙张贞吉承袭衣顶。

达善书院在大石，明嘉靖间督学御史钟继英建，祀元顾原鲁先生。

介石书院在大石，祀先贤言公子游其中，宋著作郎王公蘋、明处士顾公愚从焉。给谏顾存仁建。

万安书院在兴贤桥西，康熙十四年镇民公建，祝兵部员外郎郭里。

文星书院在关帝庙南，康熙十七年师旅往来浒墅，间闲震[1]动，

1.“往来浒墅，间闲震”六字，原本缺，据上海图书馆藏康熙刻本《浒墅关志》补。

户部员外郎鄂木恺、户部笔帖式偏俄捍卫镇民 [1]，秋毫无所犯，因即文昌阁旧址公建书院祝之。

---

1. "偏俄捍卫镇民"六字，原本缺，据上海图书馆藏康熙刻本《浒墅关志》补。

卷之十四

神 庙 附寺观

　　神之有庙，所谓有功德于民，则祀之。又所谓山林川泽，能出云为风雨，见怪物，则祀之。浒之神庙，大率类是。若夫佛老之教满天下，寺观所在多有。浒近余杭，尤多古刹。武丘远，故略之。

　　城隍庙在二都七图关后。坐东西向，阳山如屏，列在窗牖外。为石坊，次仪门，次堂，又次后堂，南偏旧有文昌阁，亦名阊阳楼，道士以形家言毁之，改平屋三间，后为[1]真武殿，又后楼三间。石坊左右建长洲、吴两县城[2]隍庙。

　　关帝庙在关南兴贤桥外。东临运河，门庑三楹，内为堂塑像，幅巾衷甲。后复建大殿，则冕旒矣。榷部置田三十亩，以供香积。

　　火神庙在崇福桥南堍。

　　金龙四大王庙在火神庙南。

　　曲逆侯庙在八都九图。

1．"三间，后为"四字，原本缺，据上海图书馆藏康熙刻本《浒墅关志》补。
2．"吴两县城"四字，原本缺，据上海图书馆藏康熙刻本《浒墅关志》补。

周孝侯庙在八都十图普思桥西埌。

陆司徒庙在二都七图。

东岳庙在罐山下。三月二十八日，为岳帝诞辰，居民舁郡隍往庙，逐末者多赍楮币往输。镇民罢市，游闲者各列坐呼卢角胜，岁以为常。

　　袁祖庚　重建罐山东岳庙记节。

　　惟阳山为苏郡之镇，惟管山为阳山之支，山故有庙神曰东岳，岁月建置，已无可稽。宋南渡时毁于兵燹。至淳熙间，平江总管开赵为重建焉。历代因之，香火不替。至我明嘉靖甲辰、乙巳，连岁亢旱，时户部郎蒋宗鲁榷税莅止，为民祷雨，辄有应，乃捐俸修葺，庙貌一新。余与陈方伯鎏实赞成之。至万历癸未，郁攸扇虐，火烈再焚。道士邹复元力图恢复，户部郎张公世科、杜公潜、赵公经前后捐俸不等。而余与里人陆郡亦量为资助，郡复能专任其劳，乃易漫漶于丹青，莫倾欹于柱石，重楹列栋，鸟革翚飞，而奕奕新构，视昔加壮丽矣。众谓不可无文以纪岁月，乃属于余。

　　灵济庙祀白龙。初在山巅，太平兴国中移山南曹巷。熙宁九年，迁澄照。建炎间重修。绍兴二十九年，赐今额。乾道、绍定，累加封敕。明止称白龙母之神，水旱祷必应。岁给白墡税十金，供修葺费。

　　胡伟　灵济庙碑

　　中吴，古泽国也。当春之季，阴晴多不常。乡民以是卜白龙之归。

相传东晋隆安中，缪氏女因出，归途日暮，天欲雨。忽遇老人，询姓氏居所，愿假避雨，待旦而前。语竟，失老人所在。已而有娠，父母恶而逐之。乞食于邻，逾年产一肉块，弃之水中，忽焉块破，化为白龙，蜿蜒母前，若有所告者。母惊仆地。须臾雷电晦冥，风雨交作。良久开霁，则白龙夭矫于山椒。俄顷复之产所，视母已死，乃飞腾而去。乡民厚葬其母于此，今所谓龙冢是也。

自是冯巫以求立祠，且言所产白龙已庙食长沙。于是乡民建龙母庙于山巅。每岁是日，龙归省母。前期旬日，天气肃寒，四山烟雨，乍晴复合。正诞之辰，龙必见形，或长身寻丈，隐显于众山之上，或小如蜥蜴，依于庙貌。暴风雷雨，注沟号木，则其验也。昔庐山僧祖照，尝述其本原于壁。庙宇自国初由山颠迁于山南之曹巷。熙宁丙辰，再迁于澄照。建炎中，主寺僧觉明禅师新之。绍兴己卯四月，帅漕以祈雨有应，奏赐灵济庙。乾道戊子二月，郡太守姚公宪奏封龙母显应夫人。

伟闻岁在庚辰三月三日，客有舣舟南徐者，有白衣老人附舟，云："吾至自长沙，欲省亲于苏之阳山，愿以钱十缗僦直而先酬其半。"舟师从之。辰巳间解维，至夜，仅行数十里，老人怒其缓，自为操舟。舟师因熟卧，迟明，僦之使兴，舟已近岸，距南徐三百六十里矣。老人翩然登岸，徐步入庙。舟师随之，寂无形影。顾龙母帐前，𩽾舟半直在焉。既而雷雨大作，舟师问寺僧，始知龙归也。乃辍余值饭僧而去。伟尝书之《漫云录》中。长沙庙食，诞辰省母，至此益验矣。乃为迎享送神诗，遗诸乡民，俾歌以祀焉。命踞湖詹熠书以正体，题以古人，而并刻之。其词曰：

春花落兮春服成，雨霏霏兮烟冥冥。秧针绿兮蛙部鸣，风萧瑟兮林有秋声。缟为旌兮素为葆，山之颠兮云之杪。雷车轰兮电光扫，龙将归兮非暮即早。箫管沸兮鼙鼓喧，肴羞苾兮酒醴洁。蠲肸蚃兮精意传，严荐享兮属袂摩肩。岁有常兮应期至，人与神兮情何异。婴儿慕兮彩服戏，母子乐兮融融泄泄。吴沃壤兮千里平，勤稼穑兮劳农氓。曰雨曰旸兮神有灵，愿垂阴相兮应其诚。倏忽万里兮姑少憩，酌献尽礼兮期终遐惠。年登谷熟兮益虔祀事，自今以始兮千斯秋而万斯岁。

白龙祠在阳山西白龙坞，盖龙母冢前香火院也，人止称龙母庙。晋柏、龙湫，皆极奇观。

吴宽　重修白龙祠记节。

阳山在吴郡西北三十里而近，视他山特高且大，盖吴之镇也。相传昔有白龙产其下，其说载于郡志，甚异。其神秩于祀典，庙而祀之，亦甚久矣。陕右孟公以监察御史擢守苏州，明年为弘治庚戌，入夏不雨。公以农事为忧，曰：国家粮饷多仰给是郡，使禾稿不收，非惟民无以为食，其何以免征敛之苦乎？乃七月朔，斋沐已，率僚属行祷庙中，未至而雨，远近沾足，民皆欢然颂公。公曰：此神之赐也，其何以为报哉？顾其庙倾圮弗修者六十年，于此若旧有献殿，特存其址而已。乃具材用，征工役，择人董治，未及数月而功告成。侯名俊。

崇福庵在二都七图崇福桥南塊，为真武行宫，后建玉皇阁。

余村庵在二都五图。

香象庵在二都十九图青石桥西，为虎丘佛慧庵下院。

广福庵在八都九图。宋宝庆间，素定禅师建。明永乐五年，火。景泰间，僧文升再建，前有仰宸楼，部使元旦、冬至习仪于此。今渐圮。

华严庵在八都十图竹青桥内，为玄墓下庵。有汤道人者，念无锡抵苏缁流无续食处，倾赀倡建。寻皈禅僧弘壁剃度。

太微律院在二都六图兴贤桥南，即文昌阁旧址也。明万历四十三年，主事张大猷以浒水直泻，人文不盛，议开月河以纡水势，取土筑基，例监张弘祚捐赀兼董其役。至天启五年，主事马任远建阁于上。崇祯末，火。本朝康熙二十二年，员外郎黄懋、笔帖式僧库理，捐赀重建文昌、三元两阁，及戒堂、方丈。郡绅彭珑等延律师黄虚堂守正住持传戒，更今名。巡抚都御史余国柱、嗣真人张继宗皆有题额，彭定求记。

药师庵在八都二十图兴贤桥南。

梵音庵在八都莫家巷。

永泰庵在八都二十图，祀泰山元妃，今改为浒关营署。

三官堂在八都十二图，故为义仓基。万历丁未岁，部使改为羁候铺。次年废，遂为梵宫。

白坊庵在八都。

龙涎嘴尼庵在八都。

文殊寺在长云峰下。晋支道林创，陈仁锡记。

澄照寺在阳山东，相传为丁令威宅。建于唐会昌间，为白鹤寺。钱氏时有泉出，改名仙泉院。产千叶白莲，又名白莲寺。宋祥符中，赐"澄照"额，陈最记。

净明寺在耙石岭西。高峰回合，茂林沉郁，殿阁参差，后坡即真假山。

蜜蜂道院在马王岭北。

甄山教寺山有七窍如甄，故名。有无梁殿。五代天德间，僧德清建。

云路庵在阳山北。僧海澄矢志建庵，一日有金仙像泛泛溪边，至庵前独止，见者骇异，迎面礼之。里人丘庄协力经营，遂落成。

积庆庵在恩山之半，为文殊子院。

景福庵在耙石岭下，元大德间建。

集庆庵在金芝岭上，刘诚意所凿井旁。

尊相寺在阳山阴。

地藏寺在小华山。

礼拜寺在城隍庙南。明万历四十一年，主事马之骏建。本朝顺治八年重葺。

观音庵在八都。宋宝庆间，僧善应建。

关王庙在射渎桥北。本朝康熙二十五年，郎中桑格建。

卷之十五

桥　梁

浒镇临运河，多支港。民居际水，非梁曷济？于十余里内取其著名者志之。

南境

射渎桥。通阳山诸泾。西郭桥。通判郭辇建。杜庄泾桥。去射渎一里。南佘桥。北佘桥。三里桥。金巷桥。兴贤桥。主事施重光建。崇祯十四年，监生朱涵虚捐资重修。本朝康熙二十二年，员外郎黄懋、笔帖式僧库理重建。

申时行　兴贤桥记

郡城之西北二十里所曰浒墅，国家所为设关命吏，管榷椎而佐度支者。关之左右环而居者无虑数千家，褒衣雅拜吾咿之声不绝，成、弘间有试京兆褒然居首者，迄今而寥寥无闻焉。于是青衿之士十余曹相与谋曰："人文之盛，钟于地灵。吾吴文物之薮而水国也，水之游荡蓄潴而风气之萃涣因焉。夫浒墅襟江而带湖，江自北入京口，历梁溪而来；太湖横浸三州，穿百渎而四溢，浒墅皆绾毂其道。然自关以南，水散漫无统，风气旁泄，人文弗振，无乃是乎？"询之形家，曰：建桥。便则以请于二三关使者，薄有捐助，而莫为之创也。

于是振武施君至，则慨然任之，乃斥算缗之羡若干，诹日鸠工，建桥于关之右若干武，楗石毕凑，徒庸并作，广可四轨，崇若干尺，工始某月日，迄某月日。既成，命之曰"兴贤"，而属余记。

余闻之，古者川涂径遂，皆有徒杠舆梁以济不通，令民靡揭厉胥溺之患，大抵便利元元，而无与髦士。士所为陶铸涵育者，则在黉校，使之操缦鼓箧、藏修游息其中，以梯荣阶进，汲王明而升上国，未有假灵于川泽，借资于物役者。且郡城中故多科第，近亦稍绌，论者时有所归责，谓士习文体不谓风气也。今之称斯桥也者，则谓之何？然余窃有深幸焉。关事之区，人竞锥刀，逐驵侩，仰机利而食，诗书弦诵之业宜废不讲，而士乃孳孳问学，欲骧首奋翼而登天衢。夫吹剑而砺刃，无不割矣；矫箭累弦而射，无不中鹄矣。士顾斯名，绎斯义，有不趯然振起，竟成其志者乎？而施君起家制科，莅事兹土，以造士作人为己任，士有不抟精揖志思仰副盛心者乎？使人谓贤哲之汇兴由兹桥始，则余日望之矣。余不能必形家之说之果验，而必诸士之能兴起为形家验也。遂志其岁月而镌诸石。

赵王泾桥即崇福桥。

北境

南津桥。北津桥。即普思桥。

吴宽　普思桥记

许市在苏州西北境上，其民际水而居，农贾杂处，为吴中一大镇。自景泰间朝廷置権司于此，舟楫停集，居民益繁，贸易往来，以限于官河，皆称不便。成化初，虽尝作桥以免济渡，而南北辽绝，人迹折旋，犹以为不便也。

里父老相传，故有桥在周孝侯庙旁。访求之，果得石刻，题曰"普思桥"。视其时，宋庆元三年也。乃图重建而不敢专，以户部主事藁城刘君焕方奉命分司于此，敏而有为，始合言以请。君曰："是民功也，吾何敢沮？"且从而奖励之。他日，工部主事贵溪姚君文灏行水至，闻其事，亦从而劝相之。民既乐为，则又言于知府史侯，侯曰"宜"，又言于巡抚都御史朱公，公亦曰"宜"。于是更相告言，出财以助。凡得白金若干两，择弘治九年五月兴工，是年十二月功毕。刘君喜其事之果成也，曰："是桥财费甚巨，劳力甚多，然而利益甚大，不可使后人无所考也。"介乡贡进士浦君应祥请文以纪。

夫事之成，未有不由于人和者。周之作洛，曰："四方民大和会。"桥梁之役，虽非是比，然民不欲为，上之人虽驱之，不即成也；民既欲为，上之人或咈之，亦未易成也。惟民为之，上从之，故虽财巨而力多，不待逾岁而役底于成。幸哉！虽然，人则和矣，时亦有助焉。吴为泽国，数被水患，今岁大熟，既有秋成之利，视义所在，慨施不吝，此事所以易成也与！桥之修一十二丈，其广二丈三尺，崇如广而减二尺。董其役者曰倪俊，凡出财姓名，具列于碑阴云。

竹青塘桥。北马桥。青石桥。

东境

便民桥即永通渠。

陈琦　永通渠记

吴郡去城西北一舍许，有名镇曰浒墅，滨临漕河，舟航所聚，商贾所通，驿使交驰，纷纭填溢，殆无虚时。自永乐间通漕以来，朝廷设关津以征商税，每岁必命地官之廉勤干济者莅焉。于是乎操拘纵之柄，而时其启闭，遇夜则钥之，以防私渡。其法视舟之广狭，征赋之多寡，按季而输之民部，其资国用也广矣。然皆视公署犹传舍，以积敛为功绩，事裁损于利者咸莫之为。

弘治十二年己未，今地官员外郎赖公奉命以来，凡百究心，一以宽仁为本，如商之竹木过此者，则曰：此工曹已税矣，不可为之重征也，听其径行。仍谓往来小航，且与商舟鳞次放行，能不苦于稽滞乎？爰谋爰度，乃即关辖之旁，命工凿小渠，以石固垒，其修若干尺，广六尺余，仅容刀舟之度，一时之农工渔樵婚丧之人，行旅裹粮之辈，晨夕往来，无复艰阻。于是人心欣跃，感戴公德之至，关之父老相率踵予，告曰：赖公建此，万世永利，良恐岁久，缮治不继，日就湮汩，则为民病犹前日。愿得一言以纪诸石，庶使后之继至者有所考见，以相承于勿替乎。

予谓世有古今，人心无古今，赖公忠以奉国，仁以惠民，秉彝之理，人心所同，后之君子，同寅协恭，赞相辅翼，增所未备也必矣，又奚为虑哉！且公之伟绩诚不止此，观其堂庑维新，窗户疏达，外建屏墙，增补石岸，财出于官，民不知费。盖公廉以济敏，公以施仁，故商不滥征而课额自足，津无苛留而渡有捷径，夤缘财利者无所投其隙，倚法为奸者无所施其计。呜呼！是可以观政矣。异时秉国之钧、均国之惠，即此心之充拓耳，又奚庸言。因记其渠也，而牵联书之。

公名先，字伯启，闽之汀州人，庚戌进士。

胡匠桥。龙华桥。太平桥。丁家桥。狗泾桥。大通桥。

西境

蠡河桥。通安桥。永乐桥。通安桥西。望仙桥。阳山前，丁令威升仙处。

卷之十六

街　堤

街堤曷为乎志？志利济也。志利济之出自部使也。表其名，存其记，使后之人履之而诵德焉。

佘公街。在浒墅镇东西两塘，滨运河，积久坍颓。明嘉靖三十九年，阴雨水潦，两街荡没，行人苦甚。四十二年，主事佘立捐赀市砖石甃治，远近德之，名曰佘公街。

施霖　佘公街记

按《周礼·地官》："合方氏掌达天下之道路。"《月令》："季春，司空开通道路。"则道路之利于通达，古也。浒墅为苏巨镇，镇有东西二街，滨于运河，河西者宽衍直达，凡缙绅舆马、商民负戴，胥此往来。河东者宽达虽同，然夹以民居，乡遂之贸迁、南北之趋赴者取为便道，均之为要冲也。

自景泰改元立关务以来，迄今将二百年，虽尝甃以砖石，然积久坍坼，渍以泥淖。而河西滨水者更嵚崎阻险，每风雨，则担荷者须策杖方能举足，稍昏黑，虽强有力者皆恐恐然畏如涉险。延及嘉靖庚申，积雨浸淫，苏郡郭外皆成渺弥，关署不浸者仅尺许，街之汩没沮洳可知，昔之恐恐者争疾首蹙额且呻吟矣。

今甲子春，乐吾佘公奉简命按节于关，见署逼涯涘，不可不葺，委官长洲典史曹大卿备以告公，公戚然若躬历兹险者，遂谋筑治。出俸资若干两，市砖改甃，且示以规画，务利民永久。委官承命唯谨，始于河西，南北计若干丈，皆革故鼎新，次及河东之倾圮类河西者，计若干丈，俾从宜修葺，始事于三月之吉，讫工于四月之终。衰然坦然，如砥如矢，居者腾欢，行者动色，诚亘古盛举也。白冶施子，河东里人也，目击大义，作而言曰：昔东坡官于浙，筑堤西湖；乐天官于吴，筑堤山塘，固皆流泽无穷，原其由，始于便游览耳。而苏堤、白堤至于今光昭史册，况我乐吾公之街乎！故敬题曰"佘公街"，为文以纪其实云。

公名立，字季礼，广西马平人，为南台名侍御东台公季子，以《诗经》发解，联登壬戌甲榜，今转礼曹仪制司。东台尝守毗陵，善政著于郡志。今公莅关，再阅月而众善悉备，他日必有名笔以彰江南卓异，兹不及赘。

董公堤。自枫桥至浒墅镇，长二十里。南北要冲，往来孔道，岁久圮坏。明嘉靖二十二年，户部主事董子策捐赀营筑。万历二十四年，户部主事董汉儒重筑。前后二董，因名"董公堤"。四十四年，户部主事张铨重修。本朝顺治八年，巡按御史秦世祯葺治。康熙十二年，分守苏松常道韩佐周捐修。十三年，师旅往来，合邑里甲输银重筑。

申时行　浒墅关修堤记

国家以辜榷之利佐度支，关有征，舟有算，司徒之属岁奉玺书从事焉，吴之浒墅其一也。吴故东南都会，而浒墅绾毂其口。关临漕渠，有堤翼之，蜿蜒绵亘，四出九达，无论冠盖走集、商贾辐辏，而大农之粟、少府之钱，岁输以巨万亿计。舳舻相衔，邪许之声不绝。关之左右皆名田上腴，水至不害，其获自倍，饔飧租赋出其中。盖行旅所迹，岁漕所经，稽事所仰，赖是堤之重久矣。比岁淫潦，水啮堤崩，徒涉既艰，沦胥日甚。一时行者、负者、挽舟而过者、秉耒庤镈而望岁者，皆颦蹙咨嗟，有司虽骇目疚心，而物力方虚，莫知为计也。

户部郎澶渊董君以万历丙申来领榷务，既厘剔弊蠹，修举经程，遐迩慕怀，至者福属。逾年而税之，溢于旧额者三千金而羡，关吏请如故事，治橐中装，君叱之去，曰："奈何污我！"而议所以捐之，则以语备兵宪使曹君，曹君曰："请捐之堤工，为吴民利，可乎？"君欣然曰："可。"即输金府藏以待厐役，而曹君为闻之中丞、侍御两台，檄郡丞应侯、长洲令江侯董其事。乃发部民二百四十家，各率丁夫，具畚锸，塞决补罅，培薄增卑，众志大和，并手皆作，自枫桥抵关二十里，所堤为丈二千六百有奇，如砥如墉，既崇既固。工始于某月某日，讫于某月某日，凡三阅月而告成。于是江侯来乞言，将石其工之始末，以示永久。

昔在成周，关市不征，泽梁无禁，其取诸民也廉，而至于遂径沟畛，川涂浍道，遂人之所治，司险之所周知，无不犁然备饬者，则安所措费而得是？盖其时乡有委积，野有聚粟，载师有园廛县稍之入，均人有公旬之力政，常以其不涸之财，有余之力，兴事而劝工，故人不告劳而国不知费，其丰豫若此。余尝闻父老言，周文襄抚吴时，缮治津梁道途，以数十百计，所在廪庾皆满，间以抵无年之租，熙熙乎俨若成周之盛世。而今则有大异不然者，赋额日广，供亿日繁，重以灾沴荐臻，督逋之檄旁午于道，间阎如磬，㑞藏如洗，有司至不能名一钱，甚则学宫颓圮，经数岁而不得治，盖已窘矣。向微董君出其余税，捐以予堤，则病涉苦潦，辇蹙咨嗟之民庸有极乎？

盖江侯为余言，董君之司榷也，度舟算缗如式而止，皆躬自衡校，一不以假吏胥，税金熔销解运，综理微密，无敢有恫喝为奸利者。民间小艇缘关往来，一无所呵禁，盖以其精明强察，烛奸杜欺；以其宽平和惠，怀远附近。其赢得过当，乃大胜于竞锱铢、析秋毫者，而冰蘗之操，羔羊素丝之风，又皭然自拔于脂膏之地，故能酌彼以注兹，推赢以济诎，上佐公家之急，而下以拯一方之艰危，跻之周行，贻以永利，其有造于吴岂浅鲜哉！昔者原思廉而不知惠，国侨惠而不知政。余谓君实兼之，以训官箴，以恤民隐，以修王政之阙，一举而三善备矣。则是役也，胡可以不书？遂为之记。

董君名汉儒，字学舒[1]，大名开州人，万历己丑进士。

董其昌　浒墅关重修董公堤记

楚中丞澶渊董公司榷时，筑石堤三千六百丈，自吴关而东，属之寒山，几二十余里，吴人所为尸祝董公者也。

岁久，水啮石泩，堤稍废不治。天雄张平仲使君始增修之，虽仍旧贯，与新作等，何则？自税使出，筹国者以物货之征领之有司，关使者算舟而止，度支之额则犹故也，而岁入非矣。使君受事，当其时绌，浮羡几何？然每有浮羡，辄为吴兴作，不罄不止，曰："终不以虎丘一拳石，溷吾受块之墟也。"处脂膏中不自润而道是谋，则诚廉吏。虽然，非溪刻之谓也，何足为使君颂哉？

余观公家之事，往往前人善作，后人害成。即以治河论，行河大臣率三岁一更，而必人自为一河，河可十年不决，而浚河之役靡一岁宁止，盖共济若斯之难。后董公而榷者岂无廉士？曰："此董公之堤也，吾何有焉！"是以堤

---

1. "学舒"，原本作"其"，疑误。据卷八《榷部》改。

废不治，若使君则无以有已矣。

　　使君世承清劢，沉深博大，身兼数器，有干国之略。尝为元城董考功裒集遗文，传之世。是役也，必表著董公之遗惠于弗驟。夫劳臣相矫，如文人相轻，视使君何如也。因记堤工岁月并书之。

卷之十七

物　产

郡邑乘之志物产，志其异，亦志其同，志所出也。浒，长邑一隅，奚取乎同？乃仅志异以别于邑。

花之属：

玫瑰。出大宅基。**铁梗海棠。**出大宅基。

草之属：

菌。出余杭诸山。芝。出余杭诸山。

木之属：

黄连树。其芽可食。

茶之属：

茶。产龙湫上，不过数十株，与祠前所产总名白龙，人甚珍之。至文殊所称龙井，仅数株。托根绝壁，下临井险，采摘为艰，以入汤三绝，又出白龙上。

竹之属：

笋。产大石及龙坞岳园，作兰蕙气，有数十斤者，远近好事来参玉版。或以馈遗，日中必致，一宿无香，真山中绝品。

鳞之属：

鳊鱼。白鱼。

介之属：

蟹。浒镇最多。

虫之属：

蟋蟀。产金市者健斗。

张凤翼 斗蟋蟀四首

遴选须空冀北群，拊髀何必忆将军。若教沧海遗明月，虚使平台有阵云。右选材。

命将登坛处处同，平章竞拟夺标功。宁知助叫争观日，还有英雄草莽中。右登场。

胜负纷纷转眼间，焚舟上欲下函关。渑池即奋回溪翼，不若当时不出山。右覆局。

茫茫黑白少人知，未必淮阴即见奇。直待浓霜凋落后，个中方识岁寒姿。右成将。

工之属：

席。出各村。算盘。本镇制造。木泛供。本镇制造。

土之属：

白墡。如玉光润，曰白石脂，亦曰白垩，后以音同"恶"，改名"墡"。《祥符图经》云：阳山白墡，每年官取万余斤，为钱塘宝兴监铸钱之用。又可圬墁，洁白如粉。凿土如井，取毕，转为隧道。上稍进，辄被压。坎陷栉比，危险不可逼视。又有红紫者，当赤石脂用，炉冶、绘塑、作金箔，皆所必须。

范成大　咏白垩

银须玉璞紫金精，犯难穷探亦有名。白垩区区同土价，吴侬何事亦轻生。

卷之十八

风　俗

旧志从泰伯窜吴立论，其说颇迁，亦就浒言浒足矣。

俗尚多奢少俭，商贾并凑，精饭馔，鲜衣服，丽栋宇，婚丧、嫁娶、燕集务以华缛相高。卢熊《苏州志》。

后生晚学，文辞动师古昔，而不梏于专经之陋，矜名节，重清议，下至布衣韦带之士，皆能摛章染翰，而闾阎畎亩之民亦成音节。王鏊《风俗论》。

少者易嚣，富者易汰，贫者易羞。王鏊《风俗论》。

浒俗喜附会，倏好倏恶，乍合乍离，朝更夕变，此击彼攻，情性无常，不能概以一辙。

浒为巨镇，船商毕集，晨起负贩者辐辏于市。

浒俗有事即醵金饮燕，无论贫富，鲜有能外者。

东岳帝于三月二十八日诞，镇民罢市，赍楮帛往输，游闲好事者列坐呼卢，角胜其间。互见《神庙》。

二三月架戏台于阡陌，倾村往观，以极其乐。

重九登阳山之大石，岁以为常。

新岁拥炉烧炭，必置杨梅树一段，取其耐久而无烟。

镇民祈祷城隍庙，祭毕，即于庙庑享祭余，极欢始去。

民间工于织席，妇女习者甚众。互见《物产》。

镇民相呼不直言姓氏，或从旁，或从头，拆字为号。

卷之十九

人　物

浒之人物，不敢滥书，取其卓卓者，别类而著之于集。

道学

顾愚，字元鲁，元末人。遭乱隐居，倡濂洛之学，乡党宗之。大石山下有达善书院，即其祠也，明嘉靖间学使钟继英建。

文苑

王璲，字汝玉，以字行。颖敏强记。明洪武末，擢翰林五经博士。永乐初，进春坊赞善。尝与学士解缙应制撰《神龟赋》，璲第一，名大振。然忌者众，竟以他事下狱死。洪熙初，追赠太子宾客，谥文靖。兄琏，弟琎。孙铠，癸卯举人。

王琎，字汝器。授翰林院编修，肄业文华堂，命宋濂为师，寻授吏部主事。

王琎，后更名进，字汝嘉。孝亲敬兄，一本至性，尝坐累，谪五开卫军。明成祖一日问汝玉曰："闻汝有弟，今安在？"汝玉叩首，以实对。命取回，试《天马歌》并经义二道，除大庾县训导。后召修《永乐大典》，充副总裁，升翰林院五经博士，秩满进侍讲，主考乡、会试者六。洪熙初，建弘文阁，与杨溥、陈继等日直其中，礼遇甚厚。宣德元年卒官，杨文贞志其墓。

孝弟

吴淳，字伯善。少与兄同居，兄以疾废。元季吴中被兵，家人奔溃。淳侍兄不去，有操刃入室者，淳负兄走避，复遇乱兵持刃交刺，淳以身蔽兄，中三十余创仆地，兄兵死，淳苏，入阳山。

徐滔，浒人。性至孝，亲亡庐墓。母遗一竹簪，出入贯髻，终身不忘。

张弘祚，字斗山。其先吴淞人，元末徙浒，有名慎字南溪者，少饩邑庠，年高延为乡饮宾。曾充明世宗藩僚，登极后累征不应，御书"兰蕙清香"匾额并敕赐之。四传生弘祚，轻财好义，尤笃孝行。部使者言，浒水直泻，人文不盛。弘祚捐腴田，开新河，以纡水势。又董建蒨溪文星阁，寓东禅寺，时母朱氏病革，祷于林酒仙，忽有飞鸽集案，饮酒吐黍而去。询诸僧，僧曰："酒仙啖人畜鸽，索之张口飞出，意即此鸽耶！"弘祚曰："仙救吾母矣！"取所吐进母，病即愈。陈文庄公仁锡作《瑞鸽记》以彰其孝。

科目

朱鸿渐，字于磐，号云溪。宋秘书省正字长文之后。少颖慧，善属文。庚午举于乡，庚辰会试，辛巳廷对，成进士，授铅山令。历官郎署，出知广信，调瑞州，寻调梧州，升副使，备兵天津，进湖广参政按察使，终福建右布政使。其在梧州时，都御史毛公伯温讨莫登庸，兵驻梧，鸿渐转饷给军，幕府悉倚其能。安南平，玺书褒擢，有白金文绮之赐。年六十有六。曾孙邦祯。

朱邦祯，号恬宇。举甲辰进士，为新淦令，五载奏绩，晋大理评事，出知夔州，以廉靖称。升苍梧道副使，不之官，致政归，时年甫五十。里居三十年，伉俪咸跻大耊。乙酉八月卒。

施霖，字廷相，号白冶。白坊里人。少颖秀，善属对。弱冠补邑诸生。逾强仕始领乡荐，久困公车，乃筮仕崇阳令，三载改铨遂昌，两地咸有政绩，屡腾剡章，行有异擢，而悬车称老。林居十余年，寿七十。部使者某公为建鸣凤坊于其里，今其裔为浒著姓云。

周之屿，字澳沙。居竹青。癸酉举人，甲戌进士，历官仪部祠郎。善属文，尤工诗赋碑铭，有大家风裁。居乡以和，与物无竞，称为长者。己酉卒。

高士

陶弼，字商翁。放荡吴中，行万安山间，见双鲤戏水上，伫观之，旁一老父谓曰："此龙也，行且斗，君宜亟避。"须臾，暴风雷雨，拔木覆舟，独弼得免。宋仁宗时官至上阁门使。

李南所，名嵩。隐居阳山，以诗酒自娱。性狷介，不妄交游，日惟凭一几，焚香玩《易》，扁所居室为"学易处"。

岳岱，字东伯，号漳余。嗜学工诗，卜筑西白龙坞下，毛竹千竿，笋特鲜软，作兰花香，今所称岳园大石笋为土产第一云。喜画墨竹，枝间缀叶成字。年若干卒，无嗣。

顾元庆，字大有。大石山人，家世黄埭。志慕肥遁，恣情流览。因迁阳山，筑草堂，盘桓终身。所著有《阳山新录》。

邢参，字丽文。居浒墅，杜门耽书，宾至或无茗碗，有时薪火断，亦自食冷物。户无寸田，未尝干谒，足不轻履友人家。早年丧偶，终身不再娶。祖用理，著《叱鼠赋》。人谓参无盆盎之粮，并赋可不作也。后先相映，并称高士。

德望

施泽绵，字子长。挺秀轶群，攻苦有志，小试辄冠军。饩于庠，五入棘闱不售。后以材行荐，会外艰，不赴铨。乙酉贡入成均。年五十六卒，学者私谥孝洁先生。

夏九功，字君叙，号秦余。孝友天植，性惇朴，饮人以和，称为长者。

金元璧，号企云。先世自兰溪徙吴。养正公名庠者，登永乐七年进士，官侍郎。弟序，字养蒙，占籍竹青里，数传至云滨，为名诸生。元璧其长子也。浑朴淳静，尤敦孝友。晚岁再举乡饮宾，辞不赴，卒年七十九。

朱希文，字范若，私谥端仁先生。居阳山。少孤，母周氏性严，陈遗书课之，旁列锄镬，曰："若不为士，即佃农终耳。"因泣受慈训。弱冠隶黉宫。母终则鬻产襄事，弟夭则恤嫠训孤，暨姻党间赠枹椊殁，焚券还孥，诸懿行不可殚述。己亥，学使采其遗行祀乡贤祠。子四，俱诸生。孙典，甲午举于乡，庚戌成进士，授翰林院检讨。

功业

周荃，字静香。居嘐溪南岗。工水墨花草，善题咏。慷慨有志。乙酉六月，王师次江南，授安抚，下征版籍，民赖以宁。出守开封，多政绩。历官副使。壬子岁入都，道卒。与澳沙为昆季，浒人称为南北二周云。

节妇

诸氏，年十七，为周相继妻，才二载，相病卒。遗孤二，长十七，次十六，齿相雁行，而母仪峻肃，次第授室，两孤逾四十，先后夭，泣抚诸孙，俱成立。金宪静台杜公升堂展敬，为文纪之，亟称贞母云。年六十卒。

全氏，马瑭妻，婚两岁，瑭殁。抚孤元忠十九年，将婚，复夭。聘妇陈氏年十七，闻夫丧，奔讣视殓，留身事姑，备历艰窘，部使杨圖旌双节。及卒，官给葬赀焉。

周氏，朱士英妻，年十七而寡。遗腹生子，教至成立。年六十四而终，郭御史奏旌其门。

陆氏，生员金永思妻，三十而寡。抚二孤，训迪有方。长子浑中，明万历戊午科举人，历官英德知县。乙丑，直指请于朝，命有司建坊旌表。六十余卒。

仙释

支道林，尝往余杭山，沉思道术，行吟独畅，文殊寺相传为所开林。

屿云海禅师，《传灯录》有传，道林第一上足，化塔在文殊，因治地得其铭。

卷之二十

古　迹 附胜景、古墓

　　浒去余杭仅数里，古迹最多，而胜景、古墓亦难悉数，取其特著者附之。

　　龙湫在龙母冢前，方竟二尺，深亦如之，澄渟镜净，点茶齿颊甘香。

　　龙井在长云之根，深三丈，贴水有门，如梁斜入，莫测底止。

　　丹井传澄照即丁令威宅，丹井尚存，规则正如龙湫。

　　高启　咏丁令威宅

　　令威作仙天上去，旧宅留在青山阿。千年宅废但遗井，何处更闻华表歌。南陌黄尘足去客，东流碧海绝回波。鹤归重览应惆怅，地上丘坟今又多。

　　晋柏在龙祠香台，大数围，黛色参天，龙归省母，从柏上下，故其本滑泽如洗，不生莓苔。

　　顾元庆　咏晋柏

　　龙母昔葬处，相传此崇墉。龙来白日晦，龙去青山空。异代碑横草，潇湘云满宫。宫前独古柏，柯干如青铜。

日月合朔岁橘阳前一日为晦，寅宾时并丽争光；至渐高，则日大而烁，月缩而微，足称奇观。

海日鸡初鸣，或上箭缺，或天风、观音。东海红生，日轮涌出，圆竟千里；照耀山中，木石皆作金光。下界正晓色未辨时。佛云：譬如日出，先照高山。此山极高，故见日恒先。

陈仁锡　咏海日

山中清漏彻莲花，翠冷巉屼泾露华。杯引沧溟分席近，杖移星斗过檐斜。梦回兜率空千界，目极扶桑灿五霞。一自咸池歌浴日，天鸡呼醒万人家。

龙冢龙母葬此，极为沉邃。

范成大　咏龙母冢

孝龙分职隶湘西，天许宁亲岁一归。风雹春春损桃李，山中寒食尚冬衣。

夫差墓在卑犹位，去阳山十里，其女琼姬墓相近。

汉郁林太守陆绩墓在阳抱山西，去阳山三里。

汉丞相陆烈墓在秦余杭山。

宋滕章敏公元发墓在阳山栗坞。

宋兵部尚书郑起潜墓在阳山，有理宗御书"锦峰"二字。

宋王节愍公伦墓在大石坞，绍熙中敕葬。

宋赵王墓在浒墅镇义塾后。

义冢在二都十一图，主事高第置。

劝葬地在关南北，主事马任远置。

姚希孟　劝葬地碑

吴会介江左，颇擅声华，凡衣冠物采吉凶宾嘉之制，远近则而象之，独一事为海内所讪笑，士大夫语及者，使余辈汗浃不知所对，则燔尸是也。

此风不知起何时，其在今日，大约以赋重地踊贵，且陵阜间堂斧相望，土人持价不轻售。贫窭细民内苦于窀穸之费，而外所习见皆是也，遂委父母于烈炬，恬不知耻。尤可笑者，陈棺而出，画船载酒，箫鼓鼎沸，所费不下数金，一弓之地，即此可办，而蚩蚩颠倒，循为故事。又有不葬不毁，举而顿之残刹古庙，或断烟荒楚中，霜雪摧剥，淋潦沁入，卒至于木饱蠹、骸骼饱蝼蚁而后已。

嗟乎！我有身，而父母妊之育之、怀之膝之，饥则哺，寒则袭之。父母有身，而煨之烬之，丛穴而群唼，清夜良心，已矣。我送亲，后之子孙亦以送我，长眠不起，游魂未断，回问此趣何如也？

马公以榷关来临兹土，闻其风而悲之，乃捐俸缗置义冢，有不克葬者，使扶榇车以来，曰：“吾为而窆，毋燔而亲。”犹自燔也。又恐有狃于俗见，不耻燔而耻义冢者，于左右市隙地数区，使贫不能择壤者各就其所，人自窆焉。曰：“吾予尔父母以安，并予尔以名。手一抔，封之树之，以惬尔怀，毋以丛冢故为他人揶揄也。”既以此垂后，复走书希孟，使为之记，以畅厥旨。

希孟乃谂于众曰："我与若皆人子也，为人子不能厝其亲，致仁人长者为踌躇焉，规度焉，以代厥子谋，厥子犹逡巡弗应也，何心乎？燔尸之际，熏灼腥秽，白骨林林，风雨之夜，人立而啼，凄其愁苦之声，上通于天，大可惧也。吾欲劝愚氓移其画船箫鼓之费，置地一弓，以安遗魄，而犹谓艰于地也。今有地矣，画船箫鼓者自若而遗魄安，更何用逡巡为？夫死之有丛冢也，犹生之有给孤也。贫儿不能养父母，或收而赡之孤独园中，贫儿反为诟病，此于情亦有之。今公又为之置地，听自葬焉，黄垆白垩，殚厥诚信，岁时瞻拜，各为兆域，又何诟病之有？为此者其仁愈著，其泽愈深，而俯念群愚者亦愈委悉也已。"

公视榷一年，廉惠声四驰，余方倚庐，不及握手叙生平，独心重斯举。凡为人子者，当转相告也。援笔而劚诸石，以风吴氓。

公名任远，字毅许，永平人，与余同年进士。

阳山志

蒋卫荣　点校

阳山志序

　　予家息浪之右，有楼，面阳山。终日坐卧其上，读此志。诸公以诗句壮之，以竹杖芒鞋索之，而予于衾裯襟带间日涉焉，各有得也。昔人云：家兄一日有客则病，予一日无客则亦病。此言酷似我伯仲。而叔氏中卿在病不病之间。与人交，简而久，如子玉、仲恬、石传。二十年来，不苟合，不轻月旦人，而矜严自为月旦。故其撰志，赡而洁，有体裁。云石者，交之体也；介者，石之体也。介于石者，文章、山水之体也。山水无求于文字也，猥以文字辱之。悲夫！

　　虽然，纪云书瑞，山川不自言也。况厥初生民，蒸畀有典，于是焉在。今岁壬申六月，不雨，至于八月，靡神不举。予在众中谝言曰：苏郡主阳山，阳山主龙母、白墰。岁修，太守符给僧抱牒，而问侵胥因缘，以匿牒，神之怒也。其弗雨矣！诸公曰：旧符在，固不出，何弗新之？遂与湛持同年，言之史太守。太守诺，牒下澄照如故。会陈邑侯步祷三十里，至神所。越三日，果大雨。斯志也！神民之间三致意焉，以救灾去害而传信。

若夫壮观天地间，四飞亭畔，白云怡悦。四人共介公，浩然自得不相赠也！

壬申重阳日，长洲陈仁锡书于龙见峰。

阳山志序

山备众妙，体势悉善；霄崿洞出，屹然鸿荒。登者有小鲁之称焉。其大概也，枕七十二峰，而囿太湖。上纪开辟，群山品会，吾不知其曾玄之缪形。或云是山肇脉，曼延天目。自有天地，震于吴沙，多足纪述。予得从宪章典明之日，厕技于彼列矣。

午四月，伯岳陈太史从台北上，舟折山涯。偕中卿丈人，携杖蹑屐而登。时日黄草低，行有暮色。襄岸回步，周阿荆棘。丈人笑谓予曰：东坡真熟歇耶！若彼其策以从事。少选，肃襞而拱如者，为髯僧介白也。即舍稍安，托于乔冈之亭，为四飞亭也。去箭缺数武，为观落日处也。乃弘敷而疏寮，履坦坦以观旭也。

呜呼！穷年惟旦暮，旦暮此观，岂不懿哉！阳曜阴藏，世莫能视；人穷其目，山不失守。何沦坠而荒翳也。父老指顾列殿，倚庑虹梁，虬柏蹂躏，其十二三樵者望于路，牛羊牧其颠，摧巧之斧睨其旁矣。

缅古昔之遗存，感修茎之无地，惠予永怀，无舍矜叹！则太史之志，天下之大公也。矧余外家伯仲业董其事，而石传师暨子玉、仲恬诸公，又征锡琰琬，文质兼布，复稽颠坠，匪月以日，抚事弥深，怀存不刊。太守留藉于既亡，循吏下车而桑祷，日不加明，山亦不改，曷于今日而晖其顾盼也。抑又申以先民之言，天地之气，轻尘翳荟，廛里十一，山水十九，天妙木末，远迩表树。事之兴废，物之存亡，良有以因。岂徒双岛云翔，飞檐吞响，为游恣之美观也哉！抑山岂不灵，莫自必其兴废存亡，委命于抒古者之隐业也。庶几社稷之康，人民之祉，以次兴作，实嘉赖之。

下固有龙母祠焉，为蒸民刈旱魃者也。夫人孰急于口腹，孰缓于登眺，君其问诸神祇！

壬申重阳后二日，长洲钱位坤撰。

阳山志卷上

山之总叙

　　吴郡西倚山罗岩，连绵峙据，其秀杰于乾；岫壑负阻，岭异势奇，曰阳山，为郡山主。诸山所发脉，原自天目来，距城西北一舍。逶迤二十余里，高八百五十丈余，以面阳，名为阳；一名万安，一名秦余杭。禹昔舍舟登会稽，以余杭名山，必因箭缺事。谓始皇亦舍舟于此，别吴兴之余杭，斯系之秦。四面视势飞动，又名四飞。《吴都赋》云：秦余标其四飞也。或云山四面，名各异：东为阳，西为万安，南秦余杭，北四飞，不知何据。以云气如炊，名蒸丘，亦名蒸山。盘棋峰秀，亘而大者，一十有五。箭缺最尊，形两岐，因呼之缺。郁崒磅礴，支陇数十。自东南福寿抵南，南爪，迤西阳抱；抵北，北爪，为温、彭、圌、鸡笼、甄。又北，胥女；西南中峰启龙谢，现凤凰观、赵王锦峰；又南，玉遮凰，现贺九，皆山之支。兰舟笋舆，自浒墅竹青塘、通安桥为大石。白龙北与西之径，自高余桥或自射渎桥为白墙、长云；东与南之径，鸟道三。大石而南，过草头、白龙，而东经香炉、屏风，而西抵长云，皆达箭缺。余多樵径。独屏风累石就路，萦带岩侧，盘折十三四，极峭拔，数武一憩。东则弥望平畴，雉堞约略；西则具区涵空，群山螺拥，若岩洞幽奇，林泉卓异，古仙之迹，名侣之蓝，皆可登览而栖托焉。

大石道多石卵，初陟最艰。一径行山顶，景随步换。龙坞道逼仄崎岖；屏风道曲折盘绕，皆度尽松风声。石黝如积铁，突兀廉厉，错跱互踞。上未半，群山便出。杖屦下叠峰蔽障，层峦划开，怪怪奇奇，令人错鄂。无论道子，不能一日而成，恐营丘累月，未必便工。

城西诸山一望不了，北皆隐不见，南皆伏而趋，独岸然削出，魁于诸山，山之祖也。雨征色晦，风征色蒙。积阴不解，顿作蔚蓝，可卜晴和。吴人每指以占雨旸。

横障绝壁，卓立衣云；狂峰怪石，翔舞喷烟；松涛满耳，疑踏海潮；峦润沾巾，似逢山雨。倒生侧植，无非纠缠之藤萝；格磔间关，尽是啁嘲之禽鸟。剗削瑰奇，可称鬼斧；点缀灵巧，确出神工。是宜生龙蛇，兴云雨，为吴都之巨镇也。

《尔雅》：山西曰夕阳，山东曰朝阳，山南曰阳山，山北有阴山。面多向阳，呼为阳以此。

山者，宣也，宣气生万物者也。触石吐云，含泽布气。东南数千里，祈祈兴雨，悉此山是赖。

论曰：吴山大都秀异，一丘一壑，致足风流；俗竞游冶，岁时衔尾扬舲，远不越支硎间。兹山雄伟深奇，亦在一顿尔！质诸好事，往往作生客何与？非有胜情，又有胜具，屐齿罕矣。

赞曰：吴有四飞，来自天目。宗尊群山，下视卑伏。嵝然绝巘，观日五更。危峰特起，长年锁云。背阴抱阳，燠冬清夏。桧龙惊飞，石虹饮下。匪僻匪遐，迹者乃稀。输与净侣，永岁岩扉。

山之峰

箭缺　远望刺天，中断如阙；云磴陟绝，顶复平衍；海气苍茫，湖光荡漾，令人欲仙。

长云　旦夕多冒云雾，峭拔鳞皴。下有龙井，险窅莫测。白云时冉冉涌起。介白拟建七佛幢于此。

韦驼　一石临崖，碣立岩颠。与长云斗高争异，小而特，孤而奇。

巏　东北峰之最高者。旧名"来鹤"。字书云：巏，山名。多峭石，势雄伟，望如狻猊。土人指崒嵲为雌，巏为雄。俗呼为"雄狮子"云。

大石　望中怪石耸出山腰，层敷如莲花欲舒。

白莲　以下有白莲寺。峰石秀润，巧凑玲珑，宛人工砌就。满壁石纹，如风前云断，天外霞飞。

松化　石状作松身，苍鳞古干，互相摧压。缘樵径而上，有洞，差可容膝。

草头　巉岏凌空，一石一态，一面一势。如丰草分披，含翠偃风。

酉　山西之颠，缥渺云表。介于庚、辛，以位名。

香炉　在白龙坞。一巨石疑从天落，复一石屹然作坫势，极嵼岏，粘着处不能以寸，天巧至此。四望无异鼎鬲。

南爪　山蜿蜒而南，曲折犹龙，如奋爪有所挈攫。

道士　在北山，状如真官，步虚朝元，披鱼鬣而秉简焉。

象鼻　大石山中一峰，自石面起，宛转倒垂，疑曲树倚崖。古木傍岩，下开豁，似弄通行。顶构小亭，依岩结宇如巢。

鲤鱼　长云下，视累累群峰，大小成队，髻鬣鼓动，首尾夭矫，状欲飞腾。

鸡峰　白墙以北，耸出天半。石作秀色，较诸山为润泽。有洞门若城。

白鹤　以下有令威宅。威化鹤度海，丹井犹存。岳山人疏云：白鹤为丁仙化鹤之峰。

北爪　嶕峣拔起，犹龙施爪空中，奔腾而南。

启龙　山之来龙，至是而发，故谓之启。

凤凰　下有台，名凤凰，峰因以名。

山之坡

茶　坡陁漫衍，磐礴三四里。茶艺其上，采造满坞作香，秋花如雪。

山之岭

白墡　产白土，五色亦间有之。壁围画障，背立带冈，渟水澄泓，萑苇凄瑟，不殊在洲渚间。逾岭复一壁，墡坑从广百亩，环侧石奇，秀品当置太湖上。左顾遥山，苍翠欲滴，倘高人名衲，开林选地，无胜于此。

金芝　石皆偃盖，作金色，亭亭欲秀。上有井，相传刘诚意相视所凿。

江婆　路为江婆所开。

石狗　石有蹲者、踞者、走者、行者、卧者，相向疑斗者，故名。

马王　下有石，名真假山。

沙冈

赤土

耙石　上平如塍。相传仙人种玉于此。至今石颗颗作白色，状如玉。高下反侧，如经犁，齿迹历历。

　　老鼠　以其间多山鼠。

山之岩

　　文殊　以下有文殊寺，又名观音。落壁高秀，叠嶂横开，如层花吐萼，曲水回波。上则长云、韦陀，奇石离立。

　　虎头　石突出可怖，作狞猛势，下瞰龙井。

　　滴水　山径委深，峰阜交阴。蓦溪而上，过危桥，入望凝雪，泻落半空；散走石间，琤琮作琴筑声。一名水帘，一名瀑布，又名珍珠帘。再上则桃姑洞。

　　夕照　大石山中，导夕阳而饯落景。三万六千顷浮光跃金，极为大观。

山之坞

　　白龙　龙母冢居其中一山，此坞独深。峰岭围合，左右环拱，鸟道可达。山顶遥望，香炉几欲生烟，盖长云、草头之西。

　　栗　产栗，较榛犹细。

　　金牛　或云即金井。

　　火丫　自山巅而下，大冈身也。末作二小支，分而岐出，以形象名。

羊棚

雪　高深，积雪难融。

曹老

山之洞

白龙　浴日亭下。虚豁谽谺，邃窈莫测，疑神物千岁尚蟠卧其间，视者股栗。

藏军　有二，皆在白龙坞中。形狭而深，大石窒之，不可入。

桃姑　滴水岩间。深可二仞，高仞有半，阔视深半。之下稍洼，积水几尺；黄白小石，班班楚楚，烂焉如锦。昔有仙姑餐桃求道，冥坐于此。洞前怪石林立，幽阒异常，信真修灵境。

鸡峰　俗名仙人洞。北过金芝，南逾白墙，望中有石，半壁劖削如城阓。欲上苦无鸟道，想仙灵往来，不容尘溷。石传张子鼓勇探奇，匍伏得上。云其中极宏敞，可容数人；且面阳中燥，正对一峰洞口；有台，平广可半亩，尤为奇绝。传闻昔有羽客栖此，今则樵苏之径亦断矣。

启龙　嵌岩空洞，常有光怪烛天。

山之泉

龙湫　在龙母冢前，方竟二尺，深亦如之。澄淳镜净，点茶齿颊甘香。泉每甘，少轻清。轻清欠甘，向使张又新、刘伯刍辈遇之，不知当第何品？寺僧云：亢旱，桔槔溉田半顷，且夕戽，未尝不湛湛也。此非有神灵凭依其间，奚不可测如此？

一壶　松化而近，淳涵石上。以量茶，仅一壶；然日给千万，一壶不竭。

云泉　都大常《游山记》：大石下有泉二泓。一为云泉，石错互若颊颔断腭；一石井，皆清冽。

龙井　在长云之根，深三丈，贴水有门，如梁斜入，莫测底止。每当三月中，朝暾初升，则门如的而日如射，日华与水色相荡，金光万道，令视者神惊。崖壁间茶生石缝，作礌棵，用泉瀹之，停久色白，香味更绝；携之他茶，水不相发，色香不减，而味迥别矣。

仙泉　在澄照寺内，吴越钱氏时泉发，莫穷其原。引山渠数派灌民田百塍，水旱不为加减，名曰"灵泉"，后改曰"仙泉"。又，以龙祠之迁于此，遂名龙池，而仙与灵之称俱晦矣。

茶坡　味极芳腴，虦者踵接，山以南泉之最佳者。

瀑布　桃姑洞下，淙淙作声，喷雪跳珠，即所云珍珠帘也。竟陵云：飞湍壅潦勿食。食久，令人生颈疾。此泉湍而飞，惟半岩垂练，岁月潺湲，足供游览。以备茗荈，恐非所宜。

山之涧

白马　在山以东。

人静　在山半。

上清　相传国初高皇曾驻兵于此，故其下有屯甲弄及将巷。

山之冈

杨梅　以产名，一望郁密，鸟迷日昏。子成，红碧错落，岂特价敌荔枝，景趣亦可并观。

山之石

石荡　一巨石，大如室。下有数石盛之，色比湖中是胜。湖石白而燥，凹凸转折觉粗率，此黑而润，纹理宛画家乱云清，嵌空玲珑，如风动波扇，精巧特异。米老见之，真堪下拜。

大石 若狻猊，昂首尾。其前盘石可坐二三十人。

仙人 如人解衣磐礴，仙仙自得。

旗竿 石圆而长，介白拟建钟楼其上。登之则长云岩岫，尽供流览，更增山中一胜。

耙石 岭下一石，砥平不减虎丘千人坐。竟以深僻，莫之赏识。沙中产石，细白，即仙人所种玉也。

拜毯 松化而下，石狭长、方正、平准。

道人 箭阙下，如戴巾子全真以游者。

石梁 香炉以南。凌空横架，非飞行自在，莫至其上，遥瞩令人惊叹。

亥龙 在长云峰下。

鹰窠 每秋，土人于此取鹰。

屏风 长云鸟道之傍，正如屏然。

假山 净明寺后高冈，长松半埋土中，如人拱揖，如舟偃覆，如卧虎，如奔牛，纵横磊落，秀润无比。其一横仆，得好事立之，便作奇观。且于土中更加搜剔，必有益奇乎此者！大抵山中产石，白墰、马王秀润而青，甲乙太湖；耙石纤细而白，浑疑宣州。

灰堆 石聚成堆，莓苔漫漫，如弃灰然。

懊恼 在长云径边。言人至此，登登不已，尚未及半，欲上则告惫，欲下则恋山，令人不觉生烦也。

论曰：山惟深奥，斯泉石瑰奇，犹士有异质，始有异谊。倘绵亘平坦，作夷旷之趣，探奇者弗之问矣。顾兹岩洞窈窕，峰峦幻忽，即南戒一撮，东吴不冠绝耶！

赞曰：望彼崇山，伟哉纪堂。峰摩遥空，岩拂穹苍。呀然空洞，神物所伏。寸肤为霖，远近沾足。丈人堪拜，实爱其文。云烟布濩，蓬浡如蒸。节筇癭瓢，斛泉石上。岁月悠悠，何弗清畅！

山之亭轩

浴日　踞山颠，镕银湖面，驾空而起，上下混涵，一碧无际。朝暾离海，恍见扶桑之枝；夕照衔山，疑睹螫市之国。心胸荡漾，逸兴飘飖。箭阙得亭，愈增其胜。

望湖　一名"款云"。大石绝顶，石插如莲花，瓣瓣相附。亭居房中，下瞰湖光，不减浴日。但浴日一山之顶，斯一峰之顶。浴日四望空豁，斯三面石裹，登者直凌倒影。

凌空轩

空翠　轩与亭皆在文殊，今废。

阅经　在澄照，今废。题咏甚富，可想佳致。

龙柏　在白龙冢祠前。

山之台

观音 曲径逶迤，縥台下，入修绿。上镌大士立像，琢石龛之。踏天风，餐晓影。

天风 又名"桂花"。有桂扶疏奇古。古志谓天气晴朗，可望海中羊山。时维凉秋，满空孤月，露浥风清，香韵飘洒。斯真御气以游，濯魄冰壶。傍为仙奕台。

凤凰 在凤凰峰，盖昔大慈趾。今维断础荒基，而台无改。一望湖烟，群山皆如奔马。

论曰：古之探奇者，梯险悬绝，翳萝露宿，致虽高不适其间。面胜敞台，汇景阁亭，可憩可眺，登顿忘疲矣！吾于兹之结构有取矣。

赞曰：岩岩层峦，何以台名？四望巉嶪，所履坦平。青铜桂枝，花满秋月。天风吹来，着衣如雪。翼然有亭，檐角穿云。苍茫恣瞩，湖与天平。唱罢金鸡，海底忽朗。先见圆晖，目眩神爽。

山之院宇

文殊寺 在长云下。曲径窈窕，云深境寂；灵桂贞篁，围绕禅榻。汲龙井之泉，点虎岩之茗，何知下方尚有尘世？传创自道林，近介白除地，得古志，乃道林高足塔，征为林创无疑。向有石阔，为图兆者所废。山下一里老曾藏其额，后亦失去，遂令岁月茫然。内有文殊殿[1]。

文殊殿 昔殿之建也，前逼天风，后倚长云，嵌崟之致，半为所蔽。今移龙井之右，大为此峰重开生面。折而南为白衣大士殿[2]。

白衣大士殿 殿正对观音。崖如案，向观晓日，或登崖，或天风，不胜风露之苦。今则凭倚阑楯，一览无余，大助海日之观。厥后为修绿阁[3]。

修绿阁 檐接危峰，清阴浸座，暑无蚊，夜单，夹被前罗杂花，不生毒螫；滃然白气入户，满坐迷云。北窗有崖石，大如数间屋，半弹壁间，梔梔欲落，缘崖碧荡，帚空而上，宛如撑之者然。其地即屿云塔处。

玄帝殿 久成废基，近始鼎建。

四飞精舍 左带长云，右抱松化；阶临众壑，门对千峰。

白云深处 在四飞前，云气濛濛，住山者时迷其径。

已上诸胜，昔如蜂房，攒附岩下。正殿掩长云，庖厕

1. “文殊殿”三字，原本无，据文意补。
2. “白衣大士殿”五字，原本无，据文意补。
3. “修绿阁”三字，原本无，据文意补。

混龙井。芝台陈太史欲借天丁伐之，为位置，移建山下。名族朱调宇、新安朱国理暨莲社诸君先后倡施，介白捐钵成之。唯山门、钟楼及长云七佛幢未就。调宇即今岳园主人。

云泉庵　大石山中。元至治间，僧道宗建一径迂曲以行。樛木古藤，交葛蒙密，倚崖危楼，环荫美箭，怪石腾起复倒，如莲方睡，如虹下饮。从此而上，佛庐精舍，皆架岩壁，曾无寸土焉。中有介石书院[1]。

介石书院　即倚崖之楼也。

澄照寺　基为丁令威宅。建于唐会昌间，为白鹤寺。钱氏时有泉出，改名仙泉院。泉产千叶白莲，又名白莲寺。宋祥符中，赐"澄照"额。内有白莲禅院、忏院、塔院、法华院[2]。

白莲禅院、忏院、塔院、法华院　皆废。今所存止龙祠左一区，无复当时之宏丽矣。

灵济庙　祠白龙神。初，庙在山巅。太平兴国移于山南曹巷。熙宁九年，迁澄照；建炎间，主僧觉明重修。绍兴二十九年，赐今额。乾道、绍定，累敕加封。国朝止称白龙母之神，敕有司春秋亲祀。水旱祷必应。帖给白壃税十金，供修葺，向为县胥侵匿，致庙貌剥落，绰楔倾欹，

1."介石书院"四字,原本无,据文意补。
2."白莲禅院、忏院、塔院、法华院"十一字,原本无,据文意补。

过者感慨。幸赖郡侯覃怀史公简阅在祀巨典，申给税帖，俾寺僧岁渐增饰，庶不至崩圮无余，鞠为茂草。

白龙祠　在白龙坞。盖冢前香火院，人止称龙母庙。晋柏、龙漱，皆极奇观。傍僧室颇幽邃，近作庖湢。辟地泉发，甘美可敌龙漱。去漱不越数武，岂龙之灵无所不在耶！诚得好事者为移香积，用石阑之刳竹接入庖中，余任绕阶漫流，方为有致。

甑山教寺　山有七窍，如甑，在阳山之北。

尊相寺　在阳山之阴。

正信庵　元至正间，僧性用建，在阳山西。

净明寺　耙石而西，高峰围合；茂林沉郁，殿阁参差。后即真假山。

云路庵　在山之北。僧海澄号渊碧者，志欲建庵。一日，有金仙象泛泛溪边，忽上忽下，至庵前独止，见者骇异，因迎而礼之。善信丘庄，诚笃士也，与澄协力经始，落成，远近嘉焉。其地号青山址。

积庆庵　恩山之半。据地胜绝，令人生世外之怀。盖创以祠真武者，本文殊子院，介白高足六休苦行悟空，遂留瓶锡。

景福庵　耙石岭下，今为兰风塔院。元大德间，僧道弘建。

集庆庵　金芝岭上，修静者之室也。在刘诚意所凿井傍。

罐山道院　相传始皇时，有高真曰管仙人隐此。故罐，一名管。中有东岳行宫[1]。

东岳行宫　香火最盛。每齐天诞降，远近社赛，肩摩踵接，土人呼为拖鞋会。

蜜蜂道院　在马王岭北。门临一溪，远峰泼黛，古柏当门，奇胜龙爪。

达善书院　祠在大石。嘉靖间学使钟继英建，以祀元原鲁先生。先生姓顾，名愚，元末隐居，倡濂洛之学，乡党宗之。

大石山房　在云泉之傍，棣川顾元庆隐居也。岳岱题其水亭云"竹深云日细，江满芰荷高"，幽致可想。

修绿山房　漳河岳山人别业。此君十亩映带环流，竹顶露夫容朵朵。阒然岑寂，龙坞一胜。阳山朱氏，自布政公以来，多佳公子，调宇托志风雅，售得斯地，举当年废迹，毕复之，实为胜地之幸云。

论曰：筑土编蓬，高歌岩户，彼青云之流，足以考槃自乐，乃精蓝道庐，居者资以修净，亦游者藉以假息也。况山坳绀宇，松顶白扉，点缀疑绘，又安可少诸？

赞曰：爰有高人，遗世独立。选岩结宇，终焉托迹。

---

1. "东岳行宫"四字，原本无，据文意补。

维彼缁流，解脱尘缘。楔石架栋，窍壁插椽。拾橡采蕨，
聊供午钵。幽寻相招，扫榻饷啜。久摧兴嗟，将混荆榛。
不有介公，文殊谁新？

山之托隐

支道林，尝往余杭山沉思道术，行吟独畅。文殊相传
为所开林。

屿云海禅师，《传灯录》有传。为道林第一上足，化塔
在文殊。因治地，得其铭。

道昙，暗诵《法华》七轴如注。每旦，从阳山入城，
持诵数周，终身不辍。人请忏悔，皆谢不应。

李南所，名嵩，隐居阳山，以诗酒自娱。性狷介，不
妄交游，日惟凭一几，焚香玩《易》，扁所居室为"学易
处"。尝有诗云：一室焚香几独凭，萧然兴味似山僧。不缘
懒出忘巾栉，免得时人有爱憎。

岳岱，漳河山人。奕叶侯封，高尚不仕。诗画两绝，
为园山中篛笋名著。

顾元庆，大石山人，家世黄埭。志慕肥遁，恣情流览。
因迁阳山，筑草堂，盘桓终身。所著有《阳山新录》，盖博
雅士云。字大有。

如德，号雪心，余杭名家子。弱冠，礼绍兴能仁寺月

溪。性孤洁，恒劝人真实念佛。年六十三，示寂。万历丙辰季冬，塔瘞松化石下。介白，其高足。

海融，号介白。栖心物表，净行林野。驻锡长云。凡文殊诸废，以次修举。呗咒之余，觅句行吟。道俗钦仰，为一时耆德。

论曰：古称岩穴之士，岂其人大都住山，今何以绝无？即充隐捷境，邈焉罕得。若夫衲子尤宜入深，顾喜尘俗，岂尽清中混外、华野莫殊，游朱户等蓬门耶？安得有品行高世绝俗者，复睹卓轨也。

赞曰：空山无人，长日如年。持云弄月，舒啸高眠。有酒可酌，有书可读。岁月盘桓，大石修绿。惟此释子，倚岩架庐。时时清净，闲课经鱼。我思古人，抑何高洁。安得从之，扫轨结辙。

山之物产

白墡 如玉光润。曰白石脂，亦曰白垩，后以音同"恶"，改为"墡"。《祥符图经》云：阳山白墡，每年官取万余斤，为钱塘宝兴监铸钱之用。又可圬墁，洁白如粉。凿土如井，取毕，转为隧道。上稍进，辄被压。范石湖云：白垩区区土同价，吴侬何事亦轻生。坎坎栉比，危险不可逼视。又有红紫者，当赤石脂用，炉冶、绘塑、作金箔，皆所必须。

茶　产龙漱上。不过数十株，与祠前所产总名白龙，人甚珍之。至文殊所称龙井，仅数株。托根绝壁，下临井险，采摘为艰，以入汤三绝，又出白龙上。但每岁所收不足共玉川几日之需，远方无由罗致。

笋　产大石及龙坞岳园，作兰蕙气。有数十斤者，远近好事来参玉版，或以馈遗，日中必致，一宿无香，真山中绝品。

松　材可器，枝可薪，叶可蒸，花可作饵，子可煮汤。

栀　以入染，供采绘、药物。

桧　非松非柏，垂垂如千岁毛龟。

柏　古而奇，白龙、蜜蜂外无闻。

桂　天风一枝，离奇特甚。

梅　多古干，苍藓琣瑭，修绿最胜。

杨梅　出杨梅冈，黑如椹，甘如饧。四远珍市。

银杏　龙冢前，极大。长云亦多。

女贞　冬夏常青，作子镕蜡。可药，可酿。

石楠　叶作红紫，飘坠满山，拾可代楮。

栗　产栗坞，虽纤细，极香，甘有丰味。

五加　初则摘其头，既则取其皮，宜泼茗入酒。

辛夷　紫苞葳蕤，亭亭空中，长云增胜。

野棠　所谓山棠球，入药。

毛竹　白龙、长云、大石最大，坚韧，景福台产。

藤　鸡峰一大本，延蔓甚远，作花香遍岩谷。

菊　山僧莳艺，以百本计。向芝台陈太史九日登箭阙，评点南峰，百咏以当泛菊，岂知今日绝盛至此，可作阳山一段雅话。

细辛　竹叶者良，此山为多。

门冬　堪入药。

桔梗　作花奇艳，摇曳枝头，极可观；不但备药。

何首乌　青枝袅袅，花作末利香。

金银花　俗呼"环环花"，入药。

百合　花开遍山。根可蒸食，作汤饼益人。

洛阳　花如碎锦，遍山如错绣。

石竹　似洛阳，更媚。

踯躅　即山石榴，苦不作重台，花五色，春暮漫山。

兰蕙　混蓁棘中，随风馨迈，每得诸樵子。

芝　作房如层云堆朵，色有六种，黄、赤居多，往往挺生石上。

金银石蒜　名不意花，俗呼"忽地笑"，黄者雅肖金萱，香亦相类。

绣墩　圆细，常青，最宜移栽窗下。

菌　雷惊方长，惟梅根者贵，色白而肥，嚼作花气。

黄独　一枚可供一顿。居山宜多植，以备粒绝。

芋　俗呼"旱芋"，味极甘。夜坐山斋，鸭脚灰中，忽闻香气，此乐何极。

余甘子　味甘，绝胜水芝肉，山中佳品。

雉　竹狗　獐　兔　猬

论曰：后世无众建，并白社亦废，是土不以封，而以冶用，犹普焉。若夫山涧之毛，草木之实，飞遁者终身如饴。其游息于斯，饭稻茹蔬，聊淡于口，不胜三斛灰涤肠耶！至茗、莼、竹萌于山腹，尤堪果然矣。

赞曰：维山高深，云雨涵濡。发为草木，既华且腴。撷之烹之，可以实豆。山斋清供，匪以爽口。松桂阴翳，凌冬不凋。往来回瞻，抚倚消摇。有荡滴翠，锦苞含馨。清泉石鼎，味敌上珍。

山之胜概

丹井　澄照传是丁令威宅，丹井尚存，规则正如龙湫。

龙冢　龙母葬此，极为沉邃。

晋柏　在龙祠香台，大数围，黛色参天。龙归省母，从柏下上，故其本滑泽如洗，不生莓苔。一岁，爪折其颠，挟之以飞，坠岳氏园。今四傍古干挺然，顶则豁如，因名龙爪柏。

古柏　在蜜蜂道院，较晋柏围稍壮。青铜数枝，凌空掠地。如飞龙舞蛟，狂虬怒螭，即善绘难肖。

石幢　在澄照。四面皆作佛像，技巧如棘端之刻。

日月合朔　岁橘阳前一日为晦，寅宾时并丽争光；至渐高，则日大而烁，月缩而微，足称奇观。

虹　常吐气竟天，不啻百尺桥潜藏山涧。

晓日　鸡初鸣，或上箭缺，或天风、观音。东海红生，日轮涌出，圆竟千里；照耀山中，木石皆作金光。下界正晓色未辨时。佛云：譬如日出，先照高山；山有高下，照有先后。此山高极，故见日恒先。

落照　浴日、望湖最胜。远水浮天，日欲入水，水如不受，旋没旋起再四，而后毕景。

秋月　天风、观音崖，三秋胜事。

冬雪　或拥炉于四飞，或扶藜于天风。积素千里，银海光摇；乔柯妆玉，高竹堕粉，愈加清思。

社则　芝台陈太史向欲于文殊开社。汇山之胜，定为二十有八，曰：邀太湖以迎落晖，候天鸡以呼晓云。抚晋柏以吸龙茗，锄耙石以摘仙种。穴鸡峰以伴羽客，凭滴水以瞻桃姑。枕炉峰以恣野眺，酹公孙以奖忠魂。访元发以破巨浪，戏鲤峰以候龙斗。吊顾岳以复修绿，礼白龙以核建置。啸鹤山以逅令威，考书堂以迟佳客。倚巨岩以看飞瀑，移杂构以显石壁。扁学易以免爱憎，理草堂以新唐句。

默禅诵以绍净因，访古墓以梦先哲。坐云泉以蹑八景，卧山房以谱十友。审山衔以稽古甏，延净侣以度往生。减奴子以静山灵，囊余粮以施鸟雀。订佳节以盟莲社，全古坟以劝好事。欲每岁九月八日为始，至十五日止。

论曰：平子少文，五岳而外，更欲遍历名山，超绝之志，靡得而尚矣。不知会心处原不在远，则此山之概有足问者。何必断家事重茧舍始愉快乎！虽曰藩篱之鷃难语天地之高，鸡于醯瓮，亦自消摇也。奚又诮为！

赞曰：鹤去千载，累累丘垤。井发丹光，一泓寒冽。霜皮黛色，老干参天。自非晋人，谁识栽年？圆旭初开，金碧闪烁。夕霏忽收，红紫隐约。清风凉月，竹露雪花。策杖行来，何步不佳？

山之旧事

《吴越春秋》：吴王夫差杀公孙圣，提之蒸丘。

越王以散卒三千，禽夫差于干隧。今万安有遂山。

箭缺，相传秦始皇射于此岭，为镞所穿。今远而望之，山有缺处，故其下有射渎。

阳山西，神龙二年，居民刘氏井中忽生青莲，因舍宅为寺，名莲花。

顾炼师草堂，李颀诗中有"归卧吴江渍"语，盖送还阳山也。

陶弼字商翁，放宕吴中，行万安山间，见双鲤戏水，上仑观之。傍一老父，谓曰："此龙也。行且斗，君宜亟去。"须臾，暴风雷雨，拔木覆舟，独弼得免。宋仁宗时，官至上阁门使。

谢涛，宋端拱初，读书澄照。僧蕴明与之善。留诗壁间云：叠巘收云拂眼明，久依香社豁高情。主人心似秋池水，一日看来一日清。明年登第后，子绛见而勒之石，嵌于旧读之西庑。庑久废，今移置龙祠壁间。

澄照，又尝改为朱墓庵，以宋尚书朱谔葬山中，请为功德院也。

澄照塔院，开宝中，太保韩公承德，撤其家之梳洗楼所建者，极其宏丽。今只础，无觅矣。

山北，宋时有竹青库，塘因以名。

石间古梅，在云泉，见太常都元敬《游山记》。

栀园，千枝蓊葡，花时香韵遍空，澄照胜处。今废。

"长云峰"三字，为文恪王公济之题。笔力瘦硬，极有古意。岁久苔深，字画依希矣。申文定咏作"常云"，尤为有致。

顾元庆有大石山房十友：端友，乃石屏，两面刻东坡墨竹，上刻《绿筠轩》诗及《与周长官霏霏苍雪》诗；陶友，古花定状如伏匿，乃短项瓶；谈友，古玉麈柄；梦友，湘竹榻；狎友，一长柄壶，屈曲古怪，如鹭之折其颈，因亦呼鹭瓢；直友，水磨铁如意，光泽可鉴；节友，紫竹箫；老友，方竹杖；清友，玉磬；默友，银潢研也。

边知白字公式，祖茔在平江蒸山。宣和中，为太学学录。得武洞青石本罗汉十六纸，遣家童致之坟庵前。一夕，行者刘普梦十余僧持学录书，来求挂褡，以白主僧慧通。通难之，曰：庵鲜薄，安能容大众哉！来者一人，取笔题诗门左曰：松萝深处有神天。不忆其他语。明旦，话此梦未竟，而石本罗汉至，内一人即所梦题诗者。由是公式足成之。庵曰"庆云"，遗址尚存。诗云：松萝深处有神天，小刹何妨纳大千。挂褡定知宜久住，歌吟何幸得留传。袖中出简聊应尔，门上题诗岂偶然。顾我未除烦恼习，与师同结未来缘。

万历壬辰，樵人于炉峰下拾一书记，以为铜也。与僧视之，文作"子昂"，僧云：此上金。樵人始骇，而驰携之金阊，售得厚价归。是必文敏昔游山中，至此而失；复不遇识赏，卒成销毁。山僧述之，至今惋惜。

夫差冢，在卑犹位，去阳山十里。其女琼姬墓相近。

汉郁林太守陆绩墓，在阳抱山西，去阳山二三里。元朱德润大父欲穿圹，其大母梦伟丈人来，云：勿夺吾宅，吾且为夫人孙。明日凿地，有石刻曰"郁林太守陆君绩之墓"。别有石刻曰："此石烂，人来换。"石果断矣，亟掩之。因生德润，后用赵文敏荐，仁宗召见玉德殿，命为应奉翰林文字、同知制诰兼国史编修。至国朝，尚书朱公希周父宪副公文尝穿兆，近绩墓。梦来言：太逼。能相让，当有兴者。乃生周，状元及第，至前官。按，绩作《浑天图》，注易释玄，知亡日，为词以诀，预推石烂来换。奚二千余载犹作守坟鬼，一再托生，理不可解。

汉丞相陆烈墓，在秦余杭山。

亚父冢，吴王夫差义子所葬也。有一十八所，在白墡岭东。

宋滕章敏公元发墓，在阳山栗坞。

宋兵部尚书郑起潜墓，在阳山，有理宗御书"锦峰"二字。墓东有昭明寺，西有福田庵。

宋武功大夫、浙西路总管开赵墓，在管山。创道院，买地三顷为义坟，所葬即义坟，间不上二十武。今像祠于东岳行宫，置埋铭象前。想墓已被发，不然，何铭之出也？

宋王节愍公伦墓，在大石坞。绍熙中，敕葬。死金，子负骨归。

宋郑虎臣墓，在白龙祠南。

元江浙行省参政王清献公都中墓，在阳山之金井坞。

论曰：平原有云，世阅人而成世故。其人已往，风流不泯；其事已谢，影迹足述，皆览古者所乐道。乃图史所载，传习所及不少概见，欲胪列之宏肆，难矣。安得博雅君子多识前言往行者从而质之！

赞曰：自有宇宙，便有此山。仙释托处，隐逸跻攀。可指陈迹，想难殚载。奚从考征，寥寥斯在。其人已往，遗事犹存。差足凭吊，启后景行。端望贤者，披寻旧牍。搜访献民，渐为修复。

阳山志卷中

山之题咏

登阳山　高启

我登此山颠，不知此山高。但觉群山总在下，坐抚其顶同儿曹。又见太湖动我前，汹涌三十万顷烟波涛。长风吹人度层障，不用仙翁赤城杖。峰回秋碍海鹘飞，日出夜听天鸡唱。中有一泉常不枯，乃是蜿蜒神物之所都。老藤阴森洞府黑，树上不能留栖鸟。常年祷雨车，来此投金符。灵旗风转白日晦，马鬣一滴沾三吴。岩峦苍苍境多异，樵子寻常不曾至。采幽历险未得归，忽听钟来涧西寺。此时望青冥，脱略尘世情。白云冉冉足下起，如欲载我升天行。古来名贤总何有？唯有此山长不朽。欲呼明月海上来，照把长生一瓢酒。浮丘醉枕肱，洪崖笑开口。天风吹落浩歌声，地上行人尽回首。

登阳山绝顶　王鏊

阳山高哉几千丈，箭缺遥瞻在天上。一朝置我箭缺傍，坐觉诸山皆退让。太湖汀滢平于杯，夫椒包山近相并。山腰鸟道何盘盘，十步九折行且叹。昌黎正逢衡岳霁，太白休歌蜀道难。夫差悔悟苦不早，公孙白骨躘荒草。子胥伯嚭两丘墟，天地茫茫人易老。划然长啸来悲风，一杯敬酹浮丘公。何时借我绿玉杖，从此挂过扶桑东。诗成西日下山去，回视山椒但烟雾。

寄题阳山　吴宽

令威禀仙骨，化鹤去辽东。传闻有遗井，乃在青山中。山深草木盛，苔径谁能穷？爰有释氏子，于此构莲宫。殿阁颇雄杰，林杪见青红。高崖石色古，小洞云气通。神龙室其地，上下雨兼风。岁时郡长吏，祈祷屡年丰。我昔过东麓，落日明丹枫。所恨足力弱，徒然望巃嵸。何时蹑其颠，历览无匆匆。回头发长叹，深愧南飞鸿。

望阳山　王鏊

清溪欲尽转逶迤，卧对阳山舟自移。闻有高人何处在，白云红叶影离离。

赠释定鄂住阳山　吴宽

文殊兰若今何在？说在阳山箭缺傍。入定不知风雨过，白龙应向钵中藏。

游阳山　申时行

阳山高峙郡城西，紫气氤氲碧落齐。鸟道百盘凌恍忽，鹫峰一柱截虹霓。层空半压穹窿胜，绝顶平临岝崿低。天与冈峦开宝地，人从霄汉蹑丹梯。藤梢碍石疑中断，树杪

攀崖更上跻。笠泽晴波遥见鹢,扶桑朝旭远闻鸡。亭标浴
日悬新构,壁洗常云识旧题。古庙龙王行雨过,危巢苍鹳
向风栖。阴森欻起松间籁,逼仄谁开李下蹊。落照重重衔
夕障,飞泉潋潋灌春畦。荡胸海色三山出,入眦烟光万井
迷。指点吴宫萋碧草,依稀秦观护金泥。山僧习静时鸣磬,
野客寻幽独杖藜。欲学卢遨游汗漫,言从慧远住招提。啸
歌直拟邀鸾鹤,来往惟应伴鹿麛。酩酊不辞归路晚,玉壶
春酒正堪携。

登阳山 　袁宏道

巉石蹲如象,枯松剥似鳞。鹤仙何处是?龙母果然神。
穴有能言兽,岩多不语人。吴宫零落尽,踪迹果谁真?

浴日亭观落照 　陈仁锡

岭外孤亭揽翠开,天风吹上四飞台。行如鸠鹄人持杖,
履曳星辰海一杯。

突兀飞亭倚汉斜,接天波浪欲乘槎。低峰忽起千寻势,
片日惊吞万丈霞。

文殊山房玩月后邀诸君子修莲社品山中位置时广德友沈君翰次日行

天近邀云坐,风高蹑月行。山空心愈净,松老韵俱清。
江海原无相,儿曹也自尊。兰芬联左席,玉露滴前楹。下
榻秋分梦,鸣钟夜课经。禅龛含竹隐,渔火过溪荧。未著
观空眼,偏饶度世情。几年学面壁,今日反浮萍。无菊湛

醽醑，登高忆弟兄。茱萸缘岫采，薜荔援墙生。琴动禅心寂，棋敲鸣树争。且因烧烛短，莫便赋诗成。扫叶频炊茗，披笺为引琼。寻香花影宿，击竹落筠轻。怪石藕为供，香厨芋作羹。伊蒲和露煮，丹井捣霞烹。咫尺风尘迥，苍茫天水并。偏宜秋夜永，喜共故人赓。方寸惟杯酒，寒枫染去旌。相看谁独醒？万丈只孤撑。曲沼开莲社，空林订法盟。山山将贺九，树树尽和嘤。峰缺缘常满，忙还闲自评。我方论半偈，月已过三更。鸟奏花间漏，霜分殿角钲。俄看千万顷，红日为谁瞪？

拥被天风候日　前人

拥被跏趺坐，萧然一鸟鸣。波云犹半黑，天水未全分。风树摇星影，平畴拂鉴明。赤城疑渐近，湖上小山横。

山中夜坐赴贻约社诸君　前人

身上最高处，凭虚属眼宽。月来沧海白，秋老洞庭寒。水落飞虹迴，天空度鹤难。山中有莲社，欲解故人鞍。

海日　前人

山中清漏彻莲花，翠冷巉岏湿露华。杯引沧溟分席近，杖移星斗过檐斜。梦回兜率空千界，目极扶桑灿五霞。一自咸池歌浴日，天鸡呼醒万人家。

偕陈太史桂花岩待月　海融

桂台通石壁，世味不相侵。月到花心冷，人狂酒兴深。鵂鶹高树宿，蟋蟀断岩吟。漫理无弦曲，跏趺默会心。

山窗杂咏　前人

径曲山高客到稀，六时清净闭禅扉。佛容淡淡如来相，僧貌苍苍古木机。晏坐一帘秋月冷，经行满苑暮云飞。天峰不醉风尘色，点破晴空花雨微。

观音岩看月介公至　陈仁锡

风前欲自笑，云外若为期。忽报山僧至，山深知未知？

山房夜坐　前人

山童涤杯进茗，老僧挥麈谈空。一室半关天地，千岩忽响梧桐。

赠太虚　前人

溅染苍霞满袖斑，泉声落石听潺湲。老僧昨挟江涛至，却傍阳山说蒋山。

候日　前人

以手指月月在天，以波印日日在水。碧苍绣出千龙鳞，海峤未离君知否？

送沈君翰还广德　前人

山僧指点面羊羵，龙母祠前曲水分。欲为故人留落日，犹堪持赠数重云。

游阳山得孙字　冯时可

沿湖诸岭作儿孙，吴岫看来此独尊。石立两崖双鹭起，泉飞九道乱蛇奔。枫林摇赤酬红袖，竹墅分青媚绿樽。杖屡好容归后放，古来豪俊几人存。

阳山常云岭甚奇秀可眺太湖暇日往游道人乞留题漫赋一律　冯时可

阳山秀岭倚高扉，缥缈常云望欲微。金粟佛临华鬘现，紫霄仙曳白衣飞。杉松照日真如画，彩翠迎阴忽变霏。七十二峰遥入目，鸥夷何在思依依。

登阳山　文震孟

突兀山形号四飞，高天旭日灿朝晖。兜罗散布云常幻，金液分流谷有辉。决眦湖光看缥缈，荡胸海色蔼霏微。俄然万里雄风发，知是神龙行雨归。

箭阙晓日　王穉登

景动霞文赤，轮浮海气殷。俄然失星月，渐可辨河[1]山。万室疏钟里，孤僧清旭间。半山犹路黑，秋涧自潺潺。

九日饮文殊寺　前人

九日登高会，文殊酒半醺。寺贫僧乞食，山冷佛生云。石作屏风秀，雷将塔院焚。不须论落帽，此地出尘氛。

访顾大有先生宿文殊寺　前人

曲堰入重重，阳山访顾雍。石桥垂薜荔，山屋出夫容。井是丁生鹤，祠还缪氏龙。文殊投宿处，百折上危峰。

1.“渐可辨河”以下，“去去寻灵境”以上，原本缺，据清康熙三十二年陈应留补修本《阳山志》补。

箭阙候日遇雨　黄习远

自北逾南岭，仍过滴水岩。僧寮藤乍补，樵径草曾芟。山暝方倚屐，湖明未落帆。有泉无涧壑，多石少松杉。烟覆村全失，云归阜半函。本期看日出，未晓雨雾雾。

登阳山箭阙　陆嘉观

去去寻灵境，高高上翠微。石岩超世界，萝薜结禅扉。绝巘居僧少，层峦过鸟稀。云光常满室，凉气每生衣。海日宵先见，峰霞晚更依。清阴团桂树，红萼吐蔷薇。池水深难涸，泥珠暗独辉。驼经无马至，听法有龙归。阙月悬弓影，寒风厉剑威。登台列嶂小，俯槛众川围。眺迥穷千里，凌空识四飞。诸天殊不远，尘俗自相违。道者沽春酒，群公坐夕晖。烹泉香饭熟，入馈野蔬肥。何日辞婚嫁，来兹遂息机。

阳山近在城西余游屐未到读新志寄题　林云凤

西望翠微如可亲，几番欲往犹逡巡。寺非晋旧柏偏古，山是秦余花尚新。云外鹤仙去已久，雨中龙子归何频。多君博雅著书就，倘肯携余同问津。

澄照

丁令威宅丹井　高启

令威作仙上天去，旧宅留在青山阿。千年宅废但遗井，何处更闻华表歌。南陌黄尘足去客，东流碧海绝回波。鹤归重览应惆怅，地上丘坟今又多。

前题 周南老

鹤仙丁令威，宅枕阳山陲。仙化鹤不返，宅废人已非。余遗丹井在，井口苔生衣。丹光时夜发，犹能照岩扉。月斜人籁寂，鹤自辽东归。为歌华表吟，但伤知音稀。

春祭白龙登澄照琪上人阅经亭偶成天顺戊寅春仲。　杨贡郡侯

因祭来澄照，闲登最上亭。微微远水白，点点乱山青。犬吠虎闻法，池腥龙听经。老僧心性悟，何日渡沧溟。

和 欧阳瑄别驾

鹤径行将遍，寻幽到此亭。苔痕侵砌绿，竹影入帘青。野鹿时衔果，山猿夜听经。慈航如可渡，送我过沧溟。

和 赵昫节推

纵步招提境，凝眸上短亭。小桥流水绕，入座远山青。地僻浑消虑，心闲只阅经。何当结莲社，与世隔沧溟。

去秋夜祭白龙祠下山满天月色怀抱豁然偶成一律今春复来奉祭天雨阴翳不能不怀旧作遂书于僧壁云成化癸巳春仲。　丘霁郡侯

祭罢龙祠便出山，肩舆扶下采云端。满空凉露衣衫薄，千顷秋波月色寒。长啸有声山谷应，壮怀无寐海天宽。分明记得瀛洲路，鹤背西风万里抟。

阳山之澄照寺有亭翼然竹木森列清泉映带郡守杨公作诗刻于壁大夫士往往追和余亦用次十律寄玉山珮上人 颜瑄

偶到山中寺，来登竹下亭。小池寒蘸碧，高岫远分青。
夜雨龙归钵，秋风鹿听经。凭阑一凝睇，仿佛见东溟。

问俗来村墅，寻幽到野亭。房栊遮树碧，屐齿印苔青。
吴越连襟带，山川错纬经。风光浩无际，杳杳入穷溟。

凿沼通流水，诛茆缚矮亭。日光斜映紫，岚气近浮青。
古庙人何在，残碑岁几经。临风一长叹，烟雨正溟溟。

混浊嫌流俗，虚幽爱此亭。文章归琬琰，图画入丹青。
僧说降龙法，人传相鹤经。浮生今已误，何用涉重溟。

就曲开幽径，凌云结小亭。短莎滋雨绿，高树倚云青。
欲问三生话，曾劳几度经。独怜鹏翮健，一举到南溟。

远寻尘外景，独上水心亭。端叶纷纷白，莲花朵朵青。
香烟凝宝座，灯影照金经。一说三千界，令人隘八溟。

荒凉悲古刹，感慨忆新亭。野草无情绿，霜松任意青。
幻躯谁久住，劫火几曾经。愿借神龙雨，施恩溥四溟。

迤逦穿山径，徘徊憩草亭。陇梅全放白，野烧半回青。
有象观人世，无生讲佛经。登临惬幽赏，目断思溟溟。

岸花香细细，岩树影亭亭。孤岛云边白，奇峰雨外青。
鹤仙今不返，龙母旧曾经。试上重崖望，乾坤入渺溟。

往事游仙枕，流光过客亭。寸心常自赤，双眼为谁青。

兴废何劳问，炎凉已熟经。都将千古泪，一洒向沧溟。

白龙祠　江盈科长洲邑侯

阳山何崔巍，峭壁插天陛。俯瞰诸峰势，居然一培塿。狮山大如鼠，虎丘大如狗。传闻西晋时，有龙产于母。龙存而母亡，埋骨山之后。龙西徙长沙，省母每东走。精魄入里中，父老拜稽首。隐隐黑云际，白练挂长柳。吴人泣旱魃，甘注恣所取。我来为民祈，应若左右手。山下一小池，方广如瓮口。周遭蔽藻荇，游戏聚蝌蚪。或云此龙井，一滴润万亩。异哉龙之灵，玄妙安可剖？巨或荡混溟，细乃藏指拇。人心亦若兹，方寸包九有。虚明鼓变化，龙亦安足数。

白龙祠祷雨有应喜作长句　邓云霄长洲邑侯

阳山之溪幽且深，澄潭直下千万寻。龙祠俯视潭之阴，采云白雾时萧森。龙神犹念所生处，岁鞭列缺归省母。回首吴民皆桑梓，喜沛甘霖溉吴土。县官为民酬若龙，春秋祀事洁而丰。何者肥蟺煽蕴隆，火旗焰焰烧天红。江焦汤沸冯夷宫，龙子睡醒怒气冲。立橛九河与四渎，青虬黑蜒来趋风。云将初列阵，雨师骤发箭。忽虞山岳翻，乍觉乾坤战。郊外商羊舞欲狂，堁中鹳鹤鸣且翔。古洞无劳击阴石，市廛何用燔巫尪。九扈兴歌田畯喜，苗秀青青如栉比。万户同欢大有年，催科幸免烦鞭棰。雨珠雨玉贺升平，祠下宜添喜雨亭。大泽不忘功德水，年年岁岁荐芬馨。

过澄照寺　蒋铉

缥缈层峦仰插天，高低原隰护苍烟。荒祠犹在瞻龙母，丹井几湮忆鹤仙。杂树发香流石上，群峰飞翠乱尊前。登临兴剧难为别，拟占山根结数椽。

大石

咏阳山大石　沈周

望望秦余杭，首尾行不了。大石突其居，翘然一拳挢。山体厚藏骨，吐秀此特表。正类抱中婴，头顶露于褓。形大气则散，趣足喜在小。其深虽未即，接目远已好。顷来莫能穷，继至敢草草。循墙道林麓，记曲乃遗杳。登登觉向峻，渐渐驾木杪。狻峰据门左，呵禁口欲咬。有磴沿百级，有殿嵌山造。并殿跨偃石，悬身龙袅矫。行人自其下，恍惚怖四爪。转高蹹其背，股栗身亦掉。镇脑结佛亭，所仗力可扰。四壁满题句，贵贱成杂扫。同游惩陟险，旋踵促及早。次寻岩间寮，蜂房互窈窕。缘势尽西向，局地窄接橑。云磴中贯穿，所历平地少。山静日自长，石瘠人亦槁。坐僻觊居安，得奇被游搅。阳崖诧唇掀，阴窦疑目眢。虚含风飗飗，湿映云梢梢。众绉不可熨，乱璺龟坼兆。层叠百宝合，正绀或厕缥。亘此金刚座，千古不可剿。危椒压屋脊，雷雨常怯倒。草木亦作怪，牢落万萝茑。苍松长深缝，本矮枝节老。斜见山桃花，微红映丛筱。草异传多药，采掇未谙晓。欲宿偿三过，衾裯悔忘抱。既夕气更佳，延月象倍皎。尚欠一踏雪，意先有瑶岛。情状要细述，言语未获巧。不期诸嶾嵬，拄腹早蕴稿。宛然紫夫容，被我一手拗。东坡昔袖去，援例我非狡。山僧苦着相，便觉生烦恼。

阳山大石联句　张渊　史鉴　李应祯　吴宽

岩岩者大石，祯。奇观人所诵。遐想十载余，宽。来游五人共。舍舟始登陆，渊。策杖不持鞚。是时日当夕，鉴。兹山气逾瀜。入门信突兀，祯。拾级骇空洞。落星何破碎，宽。灵鹫疑伯仲。仰观神欲飞，渊。俯瞰心屡恐。鳞皱苔藓剥，鉴。骨立冰雪冻。神驱道挥呵，祯。鬼劈文错综。尊严凛君临，宽。张拱俨宾送。环列尽儿孙，渊。拥护等仆从。欲假愚公移，鉴。谅匪雍伯种。卧鼓慨桴亡，祯。对臼怯杵重。狻吻呀未收，宽。龙鬣怒难控。凝血疑痛鞭，渊。立肺讵宽讼。上漏还启窗，鉴。中通自成弄。大惟补天功，祯。小可砭肌用。分矢肃慎来，宽。浮磬泗滨贡。廉利并攒剑，渊。兀臬侧倚瓮。峄山辱嬴秦，鉴。艮岳遗汴宋。截彼民具瞻，祯。壮哉客难奉。落照红抹赭，宽。归云白流汞。僧讲点头应，渊。将射没羽中。尘缘契三生，鉴。阵图怀七纵。在悬太师击，祯。攻玉诗人讽。仙煮充腹饥，宽。俗支免腰痛。瑶琨产维扬，渊。琅玕出乃雍。高题少室名，鉴。怪作东坡供。半空见玉蝙，祯。千仞拊青凤。栖禅余百年，宽。问僧仅三众。冯虚围曲栏，渊。架壑出飞栋。竹幽补堂坳，鉴。树古嵌崖缝。窍黑翠烟熏，祯。坎平钟乳壅。盘盘栈道危，宽。瀄瀄水泉动。登顿足力疲，渊。眺望眼界空。松露发欲濡，鉴。潭月手可弄。穷攀任生靫，鉴。醉吟微带魖。列坐对弯跧，宽。大呼应锽碏。嗜癖牛李愚，渊。诗战邹鲁哄。拜奇得颠名，鉴。忧坠成噩梦。试与叩山灵，祯。倘售捐薄俸。宽。

和阳山大石联句　杨循吉

伟哉此阳山，有石伺歌诵。形将冰块截，势与莲花共。仰观一何高，登陟不可鞚。鸟飞必徊翔，云出自腾潗。孤圆外成峤，空朗中含洞。瘦如辟谷良，清若食蚓仲。深思殆天设，乍至令人恐。浓萝作垂阴，寒泉滴为冻。戴庵亦颠危，携觞更交综。耳胁或骈攒，擎拳时独送。巍巍上少并，森森下多从。荒崖始谁开，倒树谅非种。在兹三吴间，当以九鼎重。崇岩借冠冕，卑峦听提控。劳呼猿固匿，被压松堪讼。曲躬始得门，侧身还入弄。拂苔劣容眠，收乳兼资用。志犹记秦余，材遏遗禹贡。立久气湿袍，啸高声答瓮。论年越殷周，言时晦唐宋。一为佛者居，永作游人奉。病宜谧著书，寐称博养汞。四方传不诬，诸公评切中。临谷足还酸，乘颠目偏纵。支颐讵厌看，极口难竭讽。鬼凿手须胼，鲸负背应痛。东岱徒小鲁，西华谬推雍。悬罄风发鸣，香炉烟结供。曝沙伏灵鼋，食冈停远凤。是知隆拔群，所贵秀合众。偷余殿容榱，就隙亭阁栋。枯藤蔓穿窍，长蛇舌撩缝。轻盈受指弹，玲珑脱泥瓮。苇拜本无忝，羽撼争得动。栽培稀尺闲，构架靡寸空。炎伏凉自生，清秋月堪弄。林深必赖烛，岚酷能作魖。星光犹立芒，龙吟殊叶硈。岭狮驯已宾，阜狞敢与哄。久嗟隔胜赏，频劳落清梦。即欲营终栖，其奈怀微俸。

二字剥。巡视民瘼得过云泉寺睹壁间匏庵先生联句因次原韵弘治丙辰。　李浒

维石巨且奇，令人自庄诵。地设天琢成，古往今来共。乘闲一登览，奚暇施衔辔。风雨任摧剥，烟岚自蒸溕。东坡雪浪斋，中子清濂洞。查滓余娲皇，云锦拟毛仲。寺僻景最真，林深心亦恐。阴霾六月寒，雪窦千年冻。巉岩愈奇怪，纹理俱错综。当轩黿画开，排闼空青送。冈陵拟比肩，培塿犹扈从。移彼虬须孙，傍我云根种。游赏来殷勤，咏歌须郑重。傲睨永贞固，剥。硬奚制控。回苏岁妥灵，镇静民无讼。摩诘写辋川，五丁开蜀弄。预储匠氏工，拟伺岩廊用。屏障姑苏台，珍重青州贡。溜雨散琼珠，流霞倒银瓮。遐算等乾坤，历年匪唐宋。良辰易登眺，赠答难持奉。根底凝丹砂，精英液铅汞。诗什殆连篇，形容俱屡中。世代有沿革，山川奚缩纵。依稀石鼓歌，留待骚人讽。拜岳人匪狂，泣玉士何痛。石磬浮泗滨，球琳产梁雍。豪士遭奇赏，山僧拟清供。谩说初平羊，忽讶高冈凤。山名水复秀，土沃民尤众。丹崖连翠巘，铃阁接云栋。茑萝垂幕

阴，筱簜穿隙缝。斑驳苔藓封，觳皱波涛壅。雾蒸虎豹眠，云卷鲸鳌动。陟彼望三吴，廓乎为一空。临风和五言，对景横三弄。揽秀襟怀澄，酣吟鼻息魕。剥藓辨古文，希音和韶碻。文人墨客来，笔阵诗坛哄。吁嗟五色文，幻化三生梦。慈母泣江头，何由供尔俸？

与客游阳山大石　杨庭

幽寻有余清，兹游及亲见。树色远熹微，山光近凌乱。活活谷中瀑，混混畦间灌。岖嵚涩先登，芊眠供清玩。谁呼五丁擘，峏峏白石烂。秦鞭讵能驱，焦煮力未办。既小娲氏炼，亦狭支机幻。峻嶒怪羊化，屃赑骇鳌断。松鼠树杪缘，山猿涧头唤。平生喜登览，徙倚忘日晏。慕此青山庐，耻彼白衣宦。物情夙已谙，前路谁得算。断金宁久要，颓玉不再旦。与君剧为欢，无庸二毛叹。

经大石山同太史顾公九和道长吴公贵德饮于主政于公觉夫席　谢琛

三吴累岁多民瘼，问俗观风愧绵薄。朝天行矣及瓜期，话别分司趁宿诺。吴公豸史思州来，一笑相逢如有约。昆山太史旧知己，半塘列席参先酌。半塘，寺名，吴公先为昆山令。杯行不尽有余欢，画船四座重酬酢。地官爱客心大奇，放情直欲依林壑。山回谷转肩舆稳，笑指巅峦认楼阁。青烟一道天外生，满耳檐铃树杪落。数声远道林风寒，羽葆冲开山鬼钥。松阴一径深复深，百丈崩崖古藤络。僧茶啜罢酒半醒，凭轩坐羡双飞鹊。穿厨出洞破崖岸，一任群僧顾相愕。扪萝骇悚气欲疲，坐息阶梯觉屡弱。小基数穴巧平妥，高下神祠依石作。脱冠箕踞共太史，细读残碑恣谐谑。振衣须臾凌绝顶，一览乾坤见恢廓。五湖烟水自微茫，三川正忆多剽掠。席间偶得四川盗贼之报。飘飘天风东南来，奋身便欲骑仙鹤。一挥白羽风尘消，翻身再觅长生药。登高不尽平生兴，走入宾筵坐伸脚。主人主人情正浓，重裀绮席先罗错。烹熬络绎愁饱腹，山果溪芹更堪嚼。飞觥出座倒长瓶，老拳仙掌斗机略。瑶琴数曲金不博，两两歌童出裙幕。玉皇殿前五色麟，夜来掣断黄金索。回风闪电骋妖态，醉眼令人顾相愕。酒阑披襟碧窗外，万竿绿竹初含箨。题诗不费磨崖力，绝壁何年神斧削。晚霞满天山鸟栖，催归莫待春城柝。何人为续兰亭辞，此会风情应不若。江湖廊庙几多情，深院归来细筹度。

阳山大石倡和弘治庚申五月望。　　冯□□宪副

拔谷连冈数亩横，直从开辟此储精。具瞻合擅吴东胜，特出谁雄海内名。天与诸公留广坐，我来一拜惬高情。中原旱暵忧方切，喜见氤氲足下生。

和　傅潮水部

倚空千尺画图横，造化分明点染精。乳窟蔚蓝元在世，丹崖青壁若为名。一时会集良非偶，百转峰峦似有情。好试仙家烹煮法，疗饥频得慰苍生。

和 赖先民部

顶立遥瞻碧海横，依稀旸谷起阳精。乾坤着脚非无意，嵩岱排行不愧名。一脉云泉流玉髓，万竿烟竹弄风情。宦游踪迹浑难定，便欲栖栖寄此生。

和 杨升给谏

何人叱起半山横，火迸云霄斗日精。兴触米公应下拜，游从苏子合题名。高凌乾象承天泽，下压坤舆不世情。趺坐更怜秋月夜，还期来此话三生。

和 邝璠吴邑侯

万仞层颠紫盖横，巨灵一夜运元精。乾坤此地开仙掌，今古东吴负重名。霖雨未施先有觉，风云常护若为情。炼成欲补钧天缺，谁向尘埃识米生。

和 浦应祥

嶙峋苍紫倚云横，月射光华日射精。空洞有容堪作室，颠崖如削拟镜名。禹书不入扬州贡，米老难忘海岳情。数亩荒庐西崦下，移文未许愧平生。

阳山大石 杜启

落日停舟寻大石，秋风扶杖叩名丘。千峰紫翠东西列，万树烟霞上下浮。壁绝长天疑造化，亭高太史识风流。人生胜地难频到，把酒茫然独倚楼。

秋日同客登大石云泉庵 陈道复

久羡云泉胜，今乘兴一之。地赊人到晚，山峻月来迟。

已醉灯前酒，应惭壁上诗。眼中诸侣在，须订后游期。

同张冶生业师俞羡长沈虎臣时良兄登阳山大石　马之骏

幽探猿鸟共为群，磴绝初看众岭分。野老自烧新剧笋，山僧常袖欲归云。晴村草树湖如带，阴壁藤萝石有文。师友弟兄来不易，凭栏争语洞庭君。

宿云泉庵　顾闻

丹楼隐花色，绿磴转松文。悬石齐通雾，飞泉半吐云。芳杯春岫属，灵梵夜堂闻。清卧玄林月，翛然出垢氛。

大石　前人

金芝纤北岭，玉柱列中天。险谢神灵凿，奇因造化镌。虎藏疑雾踞，龙结似云旋。磅礴阴阳异，低回日月偏。雪门常挂藓，霞磴忽开莲。碧借壶间岛，清悬镜里泉。浮崖缘树古，分洞络花鲜。殿倚含珠像，亭栖冠宝篇。余甘孙楚钝，客有米章颠。吴会探幽绝，秦余属望延。振衣游象纬，俯酒历山川。仿佛寻源使，盈盈河汉边。

大石四首　马任远

徙棹荒墟外，扶筇小队中。迁寻草径入，曲指稻畦通。息鸟巢僧舍，回崖抱佛宫。远皋霜醉后，掩映几林红。

红阑多向背，翠壁几亏完。饶有千峰势，难将片石看。寺深松荫蔽，阁古竹高寒。乱壑层烟里，宁输百八盘。

穿林疑虎迹，过岭忽猿啼。湖望真如练，云探不藉梯。

幽中凭鸟导，险处挽藤跻。读竟前人句，摩崖欲并题。

　　暝烟方黯黯，归路故迟迟。唤曲调歌板，冲寒促酒卮。悔非剧笋日，幸及熟橙时。言返看新月，寒波积野茨。

携妓登阳山大石　黄习远

　　岭断云还续，林穷径始通。虽登兹顶上，犹在半山中。赘石翻垂外，飞梁曲倚空。远携佳丽往，红袖曳松风。

重游云泉庵怀顾阖生　林云凤

　　小桥通路仄，大石倚门幽。风势斜穿壑，湖光迥入楼。竹深孤寺暝，稻熟几村秋。举目偏萧寂，能无忆旧游？

大石山寺　黄省曾

　　学凤飞峦峻，如龙偃岫长。午崖犹未日，秋洞不凋芳。芝磴霞沾屐，林楼翠惹觞。旷寥僧坐久，摘果供焚香。

大石　黄姬水

　　千盘危磴践苔青，巨石浑疑仙室扃。绝巘登攀一长啸，岩前飞雾尽冥冥。

登大石　邹迪光

　　巨灵何事者，凿石表三吴。地割烟霞境，天分日月都。断岩雕槛接，飞磴曲栏扶。长啸松风下，群山若可呼。

游大石　陆承宪

　　大石秋岩半，苍苍黛色寒。佛香消石壁，人语落松湍。外揽群峰秀，中藏一寺宽。诸公秀句在，读罢重盘桓。

大石　王穉登

赤薜扶香壁，青崖戴佛台。一峰全秀石，千木半杨梅。云白龙长卧，僧闲客故来。飞梁霞气里，仿佛是天台。

游大石归舟　前人

秋水孤帆挂白云，关门杨柳落纷纷。城中若问阳山色，个个峰峦翡翠文。

阳山大石八景在顾园。　黄姬水

平生许椽情，况复秉贞介。开轩面巨石，聊学南宫拜。
右拜石轩。

修篁夹丹梯，云衢益幽邃。登顿不知疲，迤逦上空翠。
右毛竹磴。

石梁跨流水，岩桂自成栖。当年桥柱上，却笑长卿题。
右招隐桥。

屏风高九叠，宛与匡庐同。曳策一晒日，岚光夕照中。
右宜晚屏。

碧涧疏以凿，弥弥周茅宇。洗耳思枕流，不惜捐谈尘。
右玉尘涧。

青松覆屋冷，晴日常飞霰。龙鳞千尺强，巢鹤今应遍。
右青松宅。

南越有嘉树，葳蕤被冈岑。高林五月雨，珍果落山禽。
右杨梅冈。

古亭构崖颠，爽垲有佳趣。白云常自流，解伴幽人住。

右款云亭。

游大石山次吴原博韵联句

浒墅西北十余里，有大石山，山即阳山之支。丛结怪石，古翠如劈；舒翼左抱，外控震泽。阳山十余峰，此山最高，疑为箭阙。西去又十里，即邓尉山。南瞰湖光，上布梅野，白灏相映，皑于积雪。庚午春，过白下，与陈明卿约去洞庭，不果。挐舟浒墅。吾友林廷辑榷关竣事，谋为一日之游。乃偕蔡端卿泛小舸，入云泉庵，观大石之致。此石昂藏不能及吾南中，玲珑不如越下，而差池盘礴，藤木蒙笼，上览太湖，半及缥缈中。层跨小飞梁，支衾九尺，有成化时碑，乃吴原博诸公联句。公文章雅澹，与欧、曾齐驱；而诗殊峭奥，与弥明石鼎相敌。因录其篇，贻诸好事；并即席与廷辑、端卿依韵言和。虽钟缶致殊，而兴怀则一也。廷辑司农曰瑞、幼玄史氏道周、端卿茂才保祯，俱漳南人。二月十日黄道周序。

长皋爱岩石，祯。玄风感穆诵。虽有幽人心，周。贵与达者共。骑气犹动尘，瑞。步景乃须鞚。缘此梅李敷，祯。浥彼日夕瀁。搜书邀鬼谷，周。探策包禹洞。况我廪悦资，祯。而获羊求仲。叩壁语欲通，瑞。垂崖足何恐。应疑瑶圃裂，周。幸破冰柱冻。贝阙垂十朋，祯。支机别五综。料得藐姑契，瑞。遂惬冯夷送。日脚连蛇门，周。云眼符龙从。玉髓湿未枯，祯。琼蕊嫩可种。两翮坠鸟轻，周。千函寄鹤重。坐忆卢敖期，瑞。行想浮丘控。五岳新佩图，祯。三彭老息讼。遥辨鱼鸭城，周。平分雉兔弄。半螯稳舟藏，瑞。漾湖适匏用。已答楛矢书，祯。宁负铅松贡。阴德垂车钩，周。虞徽识银瓮。便忘却麟鲁，瑞。那复知鹠宋。谅哉小山姿，祯。佟矣仇池奉。勾漏余真砂，周。白泽硬剩汞。漱齿知幽心，瑞。点首悟微中。入羝神逾完，祯。跨虎势难纵。每勒皦皦箴，周。恒畏落落讽。炼灰补地罅，瑞。捣药割天痛。阳节讵在吴，祯。武功何必雍。吾侪百炼骨，周。保为千载供。白鳞王舟鱼，瑞。赤喙岐山凤。残桃走东方，祯。余李失韩众。弱水萦鼍梁，周。荒台起鹊栋。弹冠信无碍，瑞。振衣岂有缝。暂荡巨灵膝，祯。立徙太行壅。托啸岭含谽，周。投杯酒澹动。天咫见日近，瑞。月表测云空。岽崿还烟驰，祯。缥缈但风弄。闻涛发龙色，周。嗅花解鼻齆。清音自丝竹，瑞。小诗足钟碹。素相吾所尊，祯。白战谁敢哄？兼领广庭奏，周。偶似漆园梦。行酬五帝恩，瑞。报以混沌俸。周。

附　录

管山道院题蕉叶　高第长洲邑侯

管山山下地仙家，不管山中乱落花。只管山头秋夜月，夜深独自在窗纱。

高人邀我入玄都，谁问桃花今有无？共喜芭蕉能索句，不妨重为泻金壶。

管山纪游简黄户部浅庐　张寰

管山莫作等闲看，阊阖离宫接海坛。地主情深宾欲醉，水清月白有余闲。

玄都近指白云深，赤壁青松叠翠岑。振屐登台觞复咏，投壶角胜老能禁。

阳山琼姬墓　徐贲

馆娃宫里已堪愁，况值泉台阅小丘。月冷宝奁无复晓，池空玉雁不知秋。萝间旧屋僧来往，竹下新亭客过游。不有佳名留郡志，谁能识此为停舟？

前题　高启

梦到夫差殿头，堕袄零落谁收。土昏青镜忘晓，月冷珠襦恨秋。麋鹿昔来废苑，牛羊今上荒丘。香魂若怨亡国，莫与西施共游。

读书景福庵　袁祖庚

古寺乾坤别，开窗便见山。野禽喧怪语，异卉斗春妍。柴伐墙边竹，茶烹石罅泉。冯阑一长啸，斜日晚云天。

成化戊子与侗轩完庵石田补登高会于秦余杭山之源隐精舍夜还　徐有贞

去年登高事已远，今年登高乐复多。碧山对酒觉秋好，黄菊笑人如老何？云际凭阑发长啸，月中回棹听清歌。陶诗欲和无佳句，独有疏狂是老坡。

咏白墡　范成大

银须玉璞紫金精，犯难穷探亦有名。白垩区区土同价，吴侬何事亦轻生。

将访顾大有先此奉寄　王稚登

顾雍家在白云边，闻道年来雪满颠。种竹题诗淹日月，穿渠纳水凿云烟。金丹白鹤千年井，古墓神龙万壑田。今夜相过明月里，稻花香气酒如泉。

宿顾大有大石山房　前人

木榻苔纹积，山窗竹霭虚。星从香蚁聚，人傍白龙居。卖麚添新涧，成丹得异书。能令汉千石，伏腊候柴车。

附：顾元庆《阳山新录》

吴中山水奇瑰秀拔，阳山又为吴之镇，去城三十里，蟠蠹特异，以其背阴面阳，故曰阳山。中有仙迹佛老。云奥之区，山人莫询，郡乘不载，故游者不能知，虽知，不暇悉也。

余自埭川移家山中，岳子岱素尚丘壑，相与沉冥山水，志道攸同。虽一觞一豆，必命与跻讨。遂得寺观者七，古迹者四，泉石者二，晋柏一，山房一，共十五题，题各纪之以诗。首以大石，近而胜也；次以龙祠、澄照，废而伤也；次以文殊、净明、嶂山、甑山，嘉其偏也；又次箭阙、丹井、耙石、仙洞、墻壁、水岩、晋柏，喜其怪而奇也；终之以修绿山房者，识君子之考槃也。

大石云泉庵　顾元庆

丹崖侧立山之阳，白日翻疑霄汉翔。绝磴飞梁还栋宇，短墙曲径自棕篁。山中麋鹿安安下，石上烟霞袅袅长。半壁诸公联石句，于今词翰有辉光。

和　岳岱

一巘凌虚势欲翔，逶迤曲磴绕幽篁。山僧入定青春静，尘客来游白昼长。归院石云常栋宇，近檐花蕊自阴阳。人间我欲除烦恼，看取灵珠午夜光。

龙母祠　顾元庆

神物千年产缪娥，依然庙貌此山阿。到门自觉龙蛇动，出谷常疑云雨过。异代栋梁归浩劫，只今松桧孰扶呵。迩来太守随车注，一郡惊看润泽多。

和　岳岱

石濑溅溅山木苍，五湖祠庙接潇湘。灵衣珠佩无消息，桂栋兰橑有夕阳。白酒土人来祷旱，绛帷玉女对焚香。季春岁岁龙归异，千古风云近草堂。

澄照寺　顾元庆

仙泉古寺白云隈，短杖攀跻摇落时。夜静不闻辽鹤语，碑亡空忆谢涛诗。挂撑岁月还孤殿，拥护风云有缪祠。啸坐莓苔山寂寂，一尊斜日有余悲。

和　岳岱

秋日荒山自可哀，昏冥聊借一衔杯。锦开双壁云中削，翠积连峰天上来。地冷佛香空草木，雨侵龙象半莓苔。唐碑宋殿俱零落，始信人间尽劫灰。

文殊寺　顾元庆

虚无指点古招提，仄径千盘欲尽跻。仰面霏霏空翠湿，此身冉冉白云齐。庭中宿莽惊麇出，栱上新巢怖鸽栖。往日题名何处觅，黄昏松桧益凄凄。

和　岳岱

翠峰高处隐招提，绣壁禅林众鸟栖。杯酒升沉看日月，杖藜岩嵼动攀跻。尘心烦恼谁能释，仙客浮游我欲齐。回首上方烟雾锁，下山松柏思凄凄。

净明寺　顾元庆

石径岩峣碧寺通，老僧终日少迎逢。停舆隔竹莺千啭，借榻连峰翠万重。一钵山厨常作供，六时金界自鸣钟。廿年巾舄劳尘土，始觉空门万事慵。

和　岳岱

石磴盘回绕上方，傍岩台殿倚苍苍。阶前银杏充僧供，炉底松花当佛香。高岭星河尝信宿，下山花竹又斜阳。却缘婚嫁皈依晚，未得辞家礼法王。

罐山道院　顾元庆

度岭晶荧碧树开，杖藜应趁白云来。莫言物外浮丘伯，未识山中玄圃台。瑶草石坛长岁月，松风涧水不尘埃。翠房缥缈箫声发，会把流霞未拟回。

和 岳岱

缥缈青山碧殿开，千峰紫翠一登台。好花忽向游人笑，浴鸟晴看小涧来。云外酒杯空日月，人间身累亦尘埃。蓬丘未遇还丹诀，城郭秋风望忽哀。

甑山寺 顾元庆

南国风高秋可哀，空山无伴我重来。青林杳杳数峰出，白日荒荒一殿开。小径故教穿竹屿，长松何意护琴台。衰年不厌闻清梵，暂省尘缘坐不回。

和 岳岱

海上风烟白昼哀，林中碧寺客同来。霜清涧户蕉犹绿，秋尽山堂菊剩开。处世百年真过隙，携壶今日是登台。斋心未可捐身累，日暮人间首重回。

箭缺 顾元庆

两峰中断山椒起，云是秦皇一镞穿。万壑松涛双屐底，三吴风物一尊前。濛濛元气玄崖湿，蔼蔼高云翠壁鲜。欲酹公孙呼不起，晚来幽独下苍烟。

和 岳岱

箭缺中天积翠高，诸山西拥似奔涛。浮云客到春常湿，绝磴难跻石更劳。一片五湖看落日，双眸百里见秋毫。王乔自有夫容杖，忽听仙禽唤九皋。

丁令威丹井　顾元庆

忆昔鹤仙丁令威，尚余丹井鹤峰陲。古苔不断侵重壁，止水空怜结细漪。伏火竟无丹客往，操罂还有野僧知。人间物外俱陈迹，华表月明空尔思。

和　岳岱

仙井依然古寺中，试窥一鉴倒晴峰。飞花水底红犹积，古藓山中绿自封。千载无人丹灶灭，一杯留客野僧供。我来矫首辽东鹤，华表秋云驻短筇。

耙石　顾元庆

如画如塍一岭纡，仙人曾此种璠玙。莓苔隐见齿迹古，岁月凭陵石理疏。昆璞荆璆非昔有，桃花流水是秦余。偶来只恐烟霞闵，落日停舆一笑舒。

和　岳岱

种玉仙人去不还，只今花落惟空山。奇迹悠悠白石在，齿痕了了苍苔间。高天古寺已千岁，曲径飞云时一攀。青牛白鹿不可见，览胜题诗真等闲。

鸡峰仙洞　顾元庆

鸡峰崔嵬半插云，上有灵区断俗氛。背日一门通窈窕，经时四壁湿氤氲。丹砂狼籍千年迹，异草纷披五色文。我欲幽探启玄秘，却疑人世已千春。

和　岳岱

窅然一洞通林屋，遥忆此山开凿初。高顶云门碧玉杖，空腹石床丹诀书。蛟龙不知造物闳，天地故着真仙居。我今投迹偶方士，白虎青龙爱驾车。

白墰石壁 顾元庆

墰岭盘盘客倦跻，倚空半壁插涟漪。故开返照添新绮，旋着归云弄晚姿。的的珊瑚幽处结，濛濛萝薜坎中垂。买山吾欲终长啸，先向岩前纪近诗。

和 岳岱

岭下春云寺欲迷，山头春日眼看低。吴侬白垩犹充贡，神雀黄麻徒尔为。二壁丹青开绮丽，千寻萝茑拂涟漪。尧封禹贡空寥落，茆屋山林有所思。

滴水岩瀑布 顾元庆

翠岩遥望接氤氲，山石棱棱路不分。空外大声喧白日，风前飞沫湿青云。无人涧上怜幽草，有客溪中知美芹。茆屋松筠还谷口，只今吾欲避缁氛。

和 岳岱

苍岩千仞接青云，岩下悬泉一水分。雨后迅流林谷振，旱时不竭古今闻。稼穑山田需岁稔，品题翰墨动星文。探奇历异平生事，不觉西林下夕曛。

晋柏 顾元庆

何年古柏寺门栽，故老相传东晋来。世短世长忘日月，龙来龙去剧风雷。孤高未信神明力，蟠据还输造物培。谷口秋飚吹子落，种成又见栋梁材。

和　　岳岱

古柏苍苍东晋栽，无人不道栋梁材。嵌中蜥蜴龙能化，树杪风云气忽来。身上紫藤留挂锡，枝间香米落停杯。金沙宝树消烦热，红日清阴坐不回。

修绿山房　顾元庆

修绿山堂千竹依，寒岚翠雾交霏霏。闭门卓午尊俎集，解衣长啸风尘违。菊花对酒丛丛放，木叶经霜冉冉飞。披豁共君忘日暮，扁舟重待月明归。

和　　岳岱

夫容黄菊相因依，故人清尊约不违。谷鸟迎风日款款，山云出竹晴霏霏。不愁向市少沽值，且喜看花无是非。清溪之边东岭上，新月照君孤棹归。

附　录

题岳山人壁　顾元庆

山中少邻并，来往即君家。径上自生竹，墙隅亦种花。脱巾漉沽酒，敲火试新茶。几度长松下，论文意自嘉。

前题　前人

竹里茆堂带激湍，清风日日报平安。主人风雅轻文组，只恐君王画去看。

阳山访岳山人　陆俸

访尔阳山曲，迢迢丘壑重。青冥恣遐瞩，麋鹿伴孤踪。

高枕低云峤，疏林度远钟。径余重九菊，门倚两三松。避地雾中隐，鸣琴竹下逢。夜长思共醉，老去愿相从。魏阙无今想，仙风自可宗。因思沉湎者，役役尔何庸。

夏日访秦余山人隐居　姜龙

衡宇多倦燠，沼泛涤尘烦。竭来湖山隈，遗彼触意根。遥波既荡潏，垂柳复阴繁。矫首快遐瞩，杖策更登巘。念我山中友，遁迹贾丘园。秦余郁嵯峨，霞霭相吐吞。双松正当户，高竹翳周垣。池蕖委红艳，绿叶风前翻。主人枕书卧，垫巾出候门。相对但一笑，坐久淡无言。新诗互相订，种植法亦存。幽寻贻俗消，此道古所惇。

访阳山隐居　殷璠

多君谢尘市，吾亦爱山家。风响乱春竹，烟光倚暮花。角巾看落日，藜杖立晴沙。何异庞公隐，相从乐岁华。

咏阳山草堂竹　袁昭旸

草堂正倚阳山曲，袅袅琅玕涧水浔。风坞籊籊同藓碧，云林梢长接空阴。雨晴帘卷秋如许，日午开尊暑不侵。过客留连盘石坐，求羊应许更攀寻。

论曰：登高能赋，可为大夫。古人有词甚明，魏晋以还无论矣，唐宋鸣诗诸家，抑何寥寂？岂山于此时不甚显，至者盖少，或至亦无词，将有词复归散佚耶！然高、徐而下，人止数家，诗止数首，亦足见梗概矣。多亦奚为！

赞曰：节彼阳山，吴之具瞻。旷世以来，岂无名篇。世代寥邈，简牍散轶。间出蠹余，莫为收拾。爰自国初，都有名流。命驾斯山，于遨以游。乃搜锦心，掇彼花笔。照曜涧谷，辉映典集！

宿仙泉寺澄照别名。　王禹偁

祭庙回来略问禅，薜墙莎径碧山前。风疏远磬秋开讲，水响盘车夜救田。蓝绶有香花菡萏，竹窗无寐月婵娟。自惭政术贻枯旱，忍卧松阴漱石泉。

赠草庵禅师　前人

阳山山下草庵深，寂寂香灯对远岑。莫怪相看总无语，坐禅为政一般心。

右二诗载《姑苏志》，竟失汇入，始悔搜葺未备。

近时名稿挂漏必多，伏冀大方赐教，容续付梓。礼锡顿首恳。

墨池堂章第梓行。

阳山志卷下

山之碑文

甃阳山箭阙路建浴日亭记　王穉登

阳山去吴城一舍而近，亦名秦余杭，延袤二十余里，峰峦十有五，绝顶为箭阙。箭阙者，两石对峙，划然中开，可容数武，远望之若箭括。或云始皇射于此，殊不经。去地八百五十余丈，朝云则占雨，夕霞则占日，节然吴之镇也。

山高路仄，樵径孤悬，游者搴藤萝、践荆棘而上，腓不得并进，踝不得前却，蛇行则蹐，鸟行则局，若扪参历井而登。登之即厉风烈日，无所休止。目未纵，领未引，而惙惙累息下矣。虽吴之好游者，十不能一二至，而况裹粮蹑屐之客哉！

所谓箭阙之胜，几没榛莽中，久之而后出者，则今鸿胪徐君少泉之力也。先是，鸿胪君卜寿藏于山之趾，望气测景，时时以筜籇上下其间，悯行者之崎岖，慨然捐锱粟，集工徒，刈草伐石，斫巑岏，削磈磊。逾白墰岭而南，易诘曲为坦途，去嵚岨为夷行。甃为拾级盘旋，可陟可憩，使杖

者不危，屡者不倾，为丈计者几与山之高相等。又虑登者
之无所息也，乃建亭其颠。榱桷、樽栌、瓴甋之属，悉代
以石，使风雨不能漂摇，鸟鼠不能穿穴。其中宽衍可盘礴，
其外寥廓可眺览。沧溟在其东，具区在其西，左顾千雉，
右盼群峰，兹亭所贮，宁有量乎！黄门张睿父先生颜之曰
"浴日"，不言山而言水，水莫大于湖海，亭得其十七浴日
之云，旨哉！

箭阙下文殊寺石壁数十寻，鸿胪君为重屋面之。其北
有大石云泉庵，飞梁绝巘最胜，佛庐半圮，君又加葺治，
丹青土木皆灿然。而后阳山之胜甲吴下，登高能赋之客，
采真探奇之侣，负薪行歌之夫，踵相接于途，无不啧啧称
鸿胪君。君之为德于此山岂浅哉！

阳山海日奇观记　陈仁锡

丙辰重九前一日，偕广德沈君翰、释太虚、弟中卿跻
阳山，观鲤鱼峰，峰皆腾踊而上。

上为观音岩，梅竹绝佳，寺坐长云峰下。峰特立而蜿
蜒，尽为室宇蔽。余欲借天丁伐其屋，使峰俱出。虚悬数
楹，周以莲池。池有穴，可引也。今峰北以突，峰西以厕，
泉为之浊，山灵愤矣！峰尽一楼，付之烬火，其末微见，
差为快耳。折而西，新篁可爱，重冈逶迤；立观音台，望
亥龙石，灵气沉郁，可殿可阁；以台为案，诸胜踊而上者，
一跃天门矣。于法主聚星，数十里内外贤人云蒸霞潝。位

置已定，偶傍山素心人至，皆许可。此山之遭也。

太虚、无生各鼓琴一曲，将上箭阙。太虚手执四杖，余择其竹而劲者。西看龙母冢、晋朝柏，危岩错落；泉不辨名，峰不问字，惟见尧峰诸山各张巨翼，匍伏者数重。两山中断，俗呼秦王射箭于此，犹武丘，剑去石痕存，便作试剑石云。过山顶一亭，选石面湖，日欲落不落。沈君翰自广德轻六百里来问《易》，故有"故人留落日"句。太虚曰：金陵蒋山望东南，至阳山而止，海中山若现若灭而已，故有"旁阳山说蒋山"句。觉梁溪、海虞、荆溪、鹿城、云间，皆几案一物耳。太湖挂帆影，远波欲红。山衔日者半湖上，小山作巨人锐立，故有"低峰忽起千寻势"之句。

持杖戴月而返，小憩长云山房。诗云"一室半关天地"者也。出登天风台。二桂婆娑，原呼"桂花台"，余易之。携酒空翠亭，刚作句云："风前欲自笑，云外若为期。"无生报曰："介公至矣。"诗云："忽报山僧至，山深知未知？"月下简韵赓唱甚盛，剪烛兰若，将修阳山之社，作排律，以贻同好。

岁期九日前后，大集宾朋，或赋诗，或课禅，或兀坐山水听清音，惟所好耳。夜半，介白进芋，无生进藕，有"怪石藕为供，香厨芋作羹"句。俄枕上闻鸡蹴，僧起剔灯，敲木鱼，杂风树，余诗云："一夜天风叫，海涛太虚掀。"余上天风台，拥被裹头相对。天云微墨，一鸟自鸣；星树欲摇，水波半黑。远田吐柳，小岛浮烟；海气喷上，如镂如缕，如织如剪。须臾矮矬，下映万顷。黄云扪天疑逼，履地疑无，架空作五色桥。乍见遥天有晖，半圆，色白微黄，复隐。目极绚烂，日遂升，乃知半圆而色白者，离海峤时耳！诗云："碧苍绣出千龙鳞，海峤未离君知否？"梳洗罢，介公复奏鲁峰一曲，有啸傲凌沧洲之意。

是为九日，山中无菊，携得杨南峰《菊花百咏》，把酒点评，聊当泛菊也。

议修阳山文殊寺疏　陈仁锡

阳山鼎建，已载小志。丁巳季秋，自白墙岭访丹井，龙张双睛以待烛举山之半，友人有"曲阿斜出径，孤岭半天分"句。此山四飞，环山如鱼之鼓鬐，而鲤鱼峰一带，喷沫更佳，最宜黄昏作一幅潇湘拖雨观。

小憩禅龛，问介公琴，为弹《汉宫秋》。曲未终，秋叶满空阶。登台一望，峰如插天。王文恪公所题即旧石壁处，一片夫容，混以庖厕，欲出之，周浚莲池，待龙部说法。鲤鱼峰而上，有观音岩，稍进则亥龙石，旷而邃，宜阁阁。斯万顷杯、千山块，仍移长云峰，诸杂构布其间，大快心事。数十里内诸君子率如约，卜以孟冬十六日鸠工。工故浩烦，需宰官泼云雨，为龙母以下暨龙子龙孙，德意甚盛。

五更，绵絮裹头，捧一壶阳羡茶，候日出。执礼甚恭，所谓寅宾出日。忆去年此山中看落日，会送友归广德，余有"欲为故人留落日，尚堪持赠数重云"句，盖饯日也。坐望海色渐红，红光中如烟微抹海上山也。蒸起而煜，疑日，久之，未也。初如一星，甚烁，曰：日也。又久之，星渐曲，曰：日未也。疑别道出，左右顾日轮，忽拥若焰中，声盘旋浴。同人惊呼，浮空荡摩，海烟直上。

介公曰："有住山数日不得观；或得日，风散，海与日混濛，微见黄，绝不类此。"始海而湖，千流见。始四飞之绝顶，而石壁千峰见。四飞有亭，箭阙最高处，狮子窝如紫鳞。友人拂髯，阔步而下数百丈，无慑色。余与语："《易》之'习坎'曰天险不可升也，正谓有脚力人开眼。"遂敛足逡巡，礼白龙母祠。龙之母缪氏产龙，而冢于此；冢下方井，即白龙泉。产茶佳绝，就泉煮茶。

移晋柏下。晋柏大四围，一本十四干，如龙鳞，疑即龙也。不知何人伐其二干。龙岁一觐母。水平地，深三尺，石块下今成堆；龙取晋柏一枝，掷岳家园中，悬数十丈。殿大圮，余谓旱则祷神，无事敝其庐，而不之计，靡神不举，吴独举神，靡爱斯牲。

嗟！此数椽，或宜闻于主祀者，以先圭璧之求欤？噫！宝殿成，石壁出，而余议修绿山房矣。

介公善诗文，戒行，收贮近山名族，此好事也。愿共勉旃。

游吴郡诸山记^节。　都穆

壬午，复经彭山崦八九里，舣舟。又二里，至秦余杭山。夹道松如步障。上山数百步，息足僧舍，复上至大石。下有泉二泓，其一为云泉。石错互若颏颔断腭，从后视之，又若狻猊叩首尻下。其前盘石如卧鼓，可坐二三十人。入云泉庵，跻石级，有古梅生石间；东折，石一股西跨，类猛士跂足立，人行其下。又折而西，凿石为阶，旁设以阑，杌陧不可凭。屋壁读李武选、吴太史、张子静、史明古诸公联句。又上得大石，岩上俯下，嵌中像开山僧。众小憩，午酌庵之北楼。日暮下山，与诸客别，是夕宿通安桥。

阳山叙　潘之恒

余登阳山，盖有感于吴云。以阖闾之强，侈夫差之荡，恣锦帆，采香泾，皆流艳，馆娃响屧，山尽霏英，其究也冢发剑飞，白虎不守，栖阳之隧，败卒制之。一世之豪，土寒草碧，岂不伤哉！

或云：其山四飞，峰无回顾，水多背流。惟觉泽枯容悴，安足唐突西山，时从关前现紫气，报真人当来耳。虽然，箭阙总翠千彩，有鸾舞鹄栖之势，夫亦东南雄嶂乎！

索书长云峰小记　陈仁锡

阳山旧有"长云峰"三字镌岩上，文恪公笔，略见仿佛。余持纸索八岁韩先民讳新书，字大一围，清劲遒古，苍然老笔。余语其尊人君理："老龙王袖上泼墨数升，作呼风

叱雨之势,其境忙;不若小龙子解衣磅礴,一挥千尺之暇耳!"遗介公,镌东向一石,俾游者从海底出日观之。

游阳山箭阙大石记　冯时可

吴中诸山,穹窿最高,次则阳山。穹窿居郡城之西,领袖众山,以蹄股支撑太湖之流。婵连而北,至于阳山,则穷矣。阳山当众山穷处,盛而不过,故其形壮势异,离合起伏,皆若有以自拔者。然以道远艰涉,人遂摈为樵苏之区,曾不得与天池、支硎争名。顾惟栖托之士能自领其趣,则终不以彼弃此耳。余归田之暇,曾一登穹窿。其山虽宽广百亩,无瑰奇幽绝之观,可以娱人耳目。既去,了不复置怀;而阳山之胜,为游者五,为宿者三,犹未厌焉。

山旧名曰秦余杭,不知何谓。一曰万安,以诸峰内附;一曰四飞,以诸峰外拓也。峰大者十五,而箭阙为绝顶。郡人徐佳亭其上。佳之子曰与回者,美秀而文,曾请予为记,余未有以应。而今岁仲秋,夙苛已捐,凉飚初起,游兴勃勃,乃挟燕人王少孺,以月之三日,泛小艇出金闾,至新桥而易软舆,度谢宴岭,则日在崦嵫矣,遂宿于公瑕山庄。质明起,行十五里至山麓;可二里,为半山亭,憩焉。倚栏东望,遥见平畴百里,川原相错,而虎丘、通玄二浮屠隐隐在烟雾中,为赋一律而去。又数折而上,则峰峦骈矗,望之或如颓云剥霞,附以藤萝,苍然鸿濛,太古之色也。已至佛殿,礼佛,又赋一律。殿前为双桂台,可坐百人。下临绝涧，其旁石隆起，为仙奕台。由佛殿而南，有小阁三间，背负常云岭，其岭壁立数十丈。西南一峰，别为一支；飞出斗绝，石皆玲珑奇峭。有亭翼然，所谓空翠也。傍亭为观音台，亦名舍身崖，与仙奕台相望，势若犄角。

又从南数折而上，是为箭阙。已登箭阙，则群山尽在下方，若可以坐抚其顶，而太湖数十万顷中，云烟之相滋，波涛之相荡，皆落吾杖底矣！阅毕，从山岗上北行，折而西，北历四五岭，约可五里，至大石。

大石一名罐山，亦阳山一支也。山北巨石涌出如莲花，而中有横亘者，复如蟠龙，人度其下，莫不仰瞻啧啧。从山麓望之，其飞舞茹攫之势，更为奇耳。时曦轮过午，余暑犹炙，余与少孺徙倚于介石堂者，久之而得饭。饭毕下山。从田畴行，望见众山渐有暝色，徐而轻云如黛，蜿蜒微抹，舆首峰峦，若移若动，已而浓云成墨，与山争雄。又顷之，而弥天垂地，诸山尽失矣。已过白龙祠，而丰隆送雨，盖不能御，从民家避焉。

余谓少孺："得非龙母怒客不谒哉？"少孺哂曰："此龙母为公清尘也。"坐久之，度雨未已，复促驾循泞行。又数里，而走避于钱氏山庄，度不能宿，复趋而出。甫出门而雨复大，至诸瀑争流，如飞虹奔驷；其声若攒矢击钲，轰震骇耳。举目四顾，倏成江湖。诸从者尽披靡相失，号呼莫应。偶有樵者趋而前曰："与吾斗粟，当与若为前导。"

乃许樵者。令舁夫以顶支舆，揭跣而前。望见一茅舍，仓皇投之，而水且浸淫其釜鬲矣。入，解衣裾，趺坐老妪床上。妪咨嗟不已。余以好言慰藉之，始谢曰："不知王孙，令我遇客无礼已。"坐食，顷渐沥渐微，出户视之，云归雨霁，峰岫尽出，众遂踊跃而归。既登公瑕之山楼，则若在阆风层城矣！少孺语余："此奇游也，盍请记之。"

忆余往游穷窿，亦值大雨，几至委顿。穷窿盖赤须子取赤石脂处，秦穆公鱼吏也。以余之不肖，退遁山泽，幸不为醉尉所诃，而鱼吏难于前，龙母困于后，岂两地灵心亦逐世情哉！少孺大笑，因书其语为记。时万历丁亥八月五日。

澄照寺记　陈暹

佛宇之兴，其来尚矣。自竺乾入洛，象教归周，琅函流贝叶之文，宝塔闶玉毫之相，莫不图诸爽垲，树乃精蓝。苟非背山而面林，左泉而右石，则何以延一千之开士，启孤独之名园。是故鹫峰雄标，世尊因而说法；双林秀拔，惠远因是奠居。盖人境之两殊，亦古今而一致。

苏州郡城之西北三十五里，山曰阳山。山之下，寺曰澄照。先是唐会昌中，丁某施白马涧宅为白鹤寺，后有龙兴寺。僧知义因游其上，纵目周览，嗟其年祀浸远，名额仅存，榛莽靡除，基址甚隘，于是鸿胪卿、左卫大将军曹茂达六代孙玄祚舍祠堂基以构寺，不改旧额，因而迁之，始创茅茨数十间而已。观其冈峦环合，岩谷洞呀，真佛者之津梁，乃道林之形胜。灵启其地，人兴厥谋，决智力而有门，获神明之来义。

寺中有灵泉潜发，莫穷其源，决洩盖自于神功，疏凿岂因于人力，引山渠者数派，灌民田者百塍，水旱不更其浅深，远迩必沾其润利。吴越国彭城威显公尝而异之，因改曰仙泉。

我宋祥符初，始赐今额。乾德中，义公既殁，上足蕴明续之，香火无废。道者蕴兴亦义公弟子也，勇猛精进，出于常伦，痛先志之未终，发精心而善诱。由是智者献谟，壮者效用。经始勿亟，举而新之。敞广殿以安睟容，饰华龛而庋大藏。厨有库，香积之供成；僧有堂，水云之众集。辰昏是警，钟鼓于百尺之台；水陆致虔，设位于五层之阁。而又置忏院、法华院，亭树高揭，房廊缭周，焕然不胜其壮观矣。开宝中，太保韩公承德复舍梳洗楼为塔院。

详其始末，叙厥兴废，见征芜词，用纪珍琬。时天禧五年十一月十二日记。

灵济庙碑　胡伟

中吴，古泽国也。当春夏之季，阴晴多不常。乡民以是卜白龙之归。

相传东晋隆安中，缪氏女因出，归途日暮，天欲雨。忽遇老人，询姓氏居所，愿假避雨，待旦而前。语竟，失老人所在。已而有娠，父母恶而逐之。乞食于邻，逾年产一肉块，弃之水中，忽焉块破，化为白龙，蜿蜒母前，若有所告者。母惊仆地。须臾雷电晦冥，风雨交作。良久开霁，则白龙夭矫于山椒。俄顷复之产所，视母已死，乃飞腾而去。乡民厚葬其母于此，今所谓龙冢是也。

自是冯巫以求立祠，且言所产白龙已庙食长沙。于是乡民建龙母庙于山颠。每岁是日，龙归省母。前期旬日，天气肃寒，四山烟雨，乍晴复合。正诞之辰，龙必见形，或长身寻丈，隐显于众山之上；或小如蜥蜴，依于庙貌。暴风雷雨，注沟号木，则其验也。昔庐山僧祖照，尝述其本原于壁。庙宇自国初由山颠迁于山南之曹巷。熙宁丙辰，再迁于澄照。建炎中，主寺僧觉明禅师新之。绍兴己卯四月，帅漕以祈雨有应，奏赐灵济庙。乾道戊子二月，郡太守姚公宪奏封龙母显应夫人。

伟闻岁在庚辰三月三日，客有舣舟南徐者，有白衣老人附舟，云："吾至自长沙，欲省亲于苏之阳山，愿以钱十缗僦直，而先酬其半。"舟师从之。辰巳间解维，至夜，仅行数十里，老人怒其缓，自为操舟。舟师因熟卧，迟明，蹴之使兴，舟已近岸，距南徐三百六十里矣。老人翩然登岸，徐步入庙。舟师随之，寂无形影。顾龙母帐前，僦舟半值在焉。既而雷雨大作，舟师问寺僧，始知龙归也。乃辍余值饭僧而去。伟尝书之《漫云录》中。长沙庙食，诞辰省母，至此益验矣。乃为迎享送神诗，遗诸乡民，俾歌以祀焉。命踞湖詹煨书以正体，题以古文，而并刻之。其词曰：

春花落兮春服成，雨霏霏兮烟冥冥。秧针绿兮蛙部鸣，风萧瑟兮林有秋声。缟为旌兮素为葆，山之颠兮云之杪。雷车轰兮电光扫，龙将归兮非暮即早。箫管沸兮擊鼓喧，肴羞苾芬兮酒醴洁。蠲胖飨兮精意传，严荐享兮属袂摩肩。岁有常兮应斯至，人与神兮情何异。婴儿慕兮采服戏，母子乐兮融融泄泄。吴沃壤兮千里平，勤稼穑兮劳农氓。曰雨曰旸兮神有灵，愿垂阴相兮应其诚。倏忽万里兮姑少憩，酌献尽礼兮期终遐惠。年登谷熟兮益虔祀事，自今以始兮千斯秋而万斯岁。

皇明祀典祝文：

托育著灵，变化不测。兴云致雨，普济万物。

重建白龙祠请加封记节。　刘宰

阳山有龙母祠，绍兴间赐号灵济庙，乾道间赐号显应夫人。邻郡海盐之陈山有龙君祠，崇宁间赐号显济庙，宣和以后，累赐褒封，下逮妇子。相传以为龙生阳山，南徙湘中，岁归省母，必以陈山为往来盘薄之地。二郡赐庙，名异而实同。顾此郡龙母之祀虽严，而龙君之祠未立。揆以人情，允为旷典。

绍定壬辰，庾使袁公鸠工鼎建。前列三门，旁翼两庑，二殿中严，一轩后峙。母子异宫，示必有尊；夫妇离居，示必有别；四子长幼相从，示必有序。盖内契家人之礼，外合王者之制。所未惬者，庙貌聿新，封爵犹旧，惧无以昭圣灵、耸观听也。于是具题朝廷，乞证阳山、陈山，事同一体，而阳山灵异尤著。特下礼部，参订典礼。于陈山已加封爵，上优进品秩，以答扬神休，民亦永有嘉赖。报曰：可。诰未下，而袁公奉诏登郎省，贻书于漫塘叟刘宰，属为之记。

敕平江府吴县显济庙白龙母庆善荐福慈惠夫人：

显济有祠旧矣。神龙所居，实尸风雨。岁事有祷，厥应彰灼。吴之人莫不骏奔而严奉之。然推举所自来，则夫人实为之母焉。毓庆孕灵，自之是出，褒崇之典，顾可后乎！载加二字之荣，以侈屡封之宠；永绥庙食，共锡民休，可特封“庆善荐福慈惠灵祐夫人”。

敕平江府吴县显济庙白龙广惠渊灵威祐敷泽侯：

朕惟浙右郡国，往岁数有风潮之灾，漂荡田庐，重为民暴。部使者尝祷于神，灵威赫然，蟠挐云表，随祷示现，阖郡所共见也。御灾扞患，端有依怙。逮至比岁，厥应弥彰。曰雨曰旸，若响若答，保我稼事，迄用丰年。郡父老不敢虚神之赐也，请于使者转而上闻，爰命太常申加褒律，特超侯爵，肇赐公圭，宜思忠烈之名，永为畿甸之庇，可特封“忠烈公”。

敕平江府吴县显济庙白龙妻顺懿夫人：

朕览浙右部使者之奏，知显济龙君之灵，肇于阳山，一方香火之所共敬事者也。雨旸过差，有谒必获，比酬神贶，已析公圭。顾其庇民之功，繄尔作配之助，并申褒律，增衍徽称，其体明恩，益图阴相，可特封"顺懿显应夫人"。

敕平江府吴县显济庙白龙第一子嗣灵侯等：

龙之为灵大矣。吐吞江湖，呼吸云雨；飞腾变化，功在济物。三吴田里，实嘉赖之。阊门庙食，多历年所。父既以功进律，可独遗其子哉！尔等神灵所钟，见谓英物，名在祀典，爵为彻侯，载加二字之褒，式尉一邦之愿，共覃惠利，以助发生。

第一子特封嗣灵协顺侯；

第二子特封嗣惠协济侯；

第三子特封嗣泽协祐侯；

第四子特封嗣烈协应侯。

绍定六年正月十五日。

白龙祠记节。　胡应青

吴城西三十里阳山之麓，为澄照寺。寺右有白龙祠。宋屡封忠烈昭应广惠灵丰公，神母显正孚顺圣善妃。邦人奉事惟谨。祠重建于宋绍定壬辰。岁久圮毁，势凛凛欲压。寺僧守淳哀积衣赀，复募乐施者，仅营两庑，重绘左右壁。殿役最巨，力未易就。

会参政张公谒祠下，慨然曰："吾岁奉朝命，凡饷运从东南者，航海以达于京。风恬浪平，舟楫如砥；迄济登兹，匪神畴相。是山龙所载育，而庙貌弗修，非阙与？"乃捐金出粟，抡材简匠，殿庐阶阤，像设导卫，咸撤而新之。丹碧髹垩，瓦甓甃叠，视昔为侈。更以田四十余亩给祠事，所以致力于神者，至矣。

噫！万生总总，孰迪而康。靡阳愆亢，靡潦淫汩。敷为气和，繄是神灵。惟参政公诚与神孚，克隆斯举，而淳师又能善信于人，皆可书也。

工始元贞乙未，越明年告成。

重修白龙祠记节。　金幼孜

郡城西一舍许，曰阳山。有白龙，其神诞育之异，相传肇自晋隆安中，而其灵显感应，莫盛于唐，尤莫盛于宋元之间。锡号崇祀，后先相望。逮我圣朝，饬严祀事，命有司春秋致祭，著在令典。

乃宣德五年，礼部郎中况伯律奉命来守是邦。是岁夏秋之交，阖郡大旱，禾则尽稿。伯律乃抒诚祷神，已而大雨沾溉，岁以获稔。仲秋之月，适当祀神，先期望夕，伯律斋宿公馆，梦神告以祠宇将倾，亟即修葺。

翌日，以其故语诸僚佐，咸嗟异之。将事之旦，天气澄明，灵飙飒爽；云彩发祥，蜿蜒煜耀。至诚感乎，神实降歆。竣事，周览祠下，喟然兴叹，遂倡郡邑僚属，捐俸市材，鸠工而重修之。

侯名钟。

重修白龙祠记节。　吴宽

阳山在吴郡西北三十里而近，视他山特高且大，盖吴之镇也。相传昔有白龙产其下，其说载于郡志，甚异。其神秩于祀典，庙而祀之，亦甚久矣。陕右孟公以监察御史擢守苏州，明年为弘治庚戌，入夏不雨。公以农事为忧，曰：国家粮饷多仰给是郡，使禾稿不收，非惟民无以为食，其何以免征敛之苦乎？乃七月朔，斋沐已，率僚属行祷庙中，未至而雨，远近沾足，民皆欢然颂公。公曰：此神之赐也，其何以为报哉？顾其庙，倾圮弗修者六十年于此。若旧有献殿，特存其址而已。乃具材用，征工役，择人董治，未及数月而功告成。侯名俊。

重修白龙祠记节。　陈鎏

郡城之西三十里，有余杭山；山之麓有灵济庙，祠白龙神。雨旸不时，必祷于庙，祷必应。载诸祀典，千有余年。

明嘉靖壬戌，郡侯徐公一夕梦白蛇蜿蜒庭中，若有所诉者，心异之。及秋，当祭。灌献毕，见殿庑不蔽风雨，乃谋所以处之。周视，见壁间图白龙像，俨似梦中。惊曰："畴昔之梦蛇，其龙乎？神其有托于余？余其图之。"归，即檄藏吏，得羡金若干。又闻之巡按御史某公，得赎金若干。百姓闻之，咸愿助力。

乃鸠材聚工，命长洲丞董其事，撤而新之。不二月，落成。是岁也，雨旸时若，野无桔槔，遂大有年。民忻然以为龙神之祐，归功于公。趋诣陈子，请纪其事。

侯名节。

重修龙母祠疏　周天球

窃以群黎为命，必资稼穑之秋成；万宝攸登，尤赖雨旸之时若。故知云起肤寸而千里为霖，雨不崇朝而三农霑足。龙德显赫，灵贶弘昭。

按，阳山龙母，秉二仪醇和之气，发四灵卓越之祥。龙性孝而岁省其亲，母效灵而民赖其庇。琬琰备书于前代，纶绂再锡于皇朝。春秋祀典聿隆，庙貌兴修宜亟。风雨不蔽，灾沴相仍，比年祷穰莫酬，未必非神示谴。

兹因民志毕愿兴修，预计工程实为繁浩，若非公私并举，难致轮奂如新。乡人袁太守祷雨荆州，遥蒙昭应；钱春元策名南省，曾著梦征。首议施财，为众倡率。伏冀大邦君主张始事，诸明公协赞偻功，洪普慈恩，用敷惠政，允将疏簿印发，广募共结胜缘。庶几庙貌聿新，神栖斯妥；精诚所感，丰稔可期。谨疏。

阳山纪事　袁宏道吴邑侯

阳山高出诸山，长亘数十里，分隶两县。山下为白龙祠。父老言，东晋时有缪氏女，途遇老人，借宿，诺之。语竟，失老人所在。已而有孕，后产一白龙，头角宛然。冉冉而升，女遂惊绝。至今山下有龙母冢，土人祠之。祠前有柏一株，大可二十围。数年前犹见白龙挂枝上，如一匹练，徘徊顾望，若省觐者。每旱祷雨，辄应。以灵异故，载在祀典。

今年六月，旱魃为灾。余与江进之随太府乞灵祠下。初时白日铄池，万里无纤云，因与进之同登山巅。才抵箭阙，四山云雾如磐，咫尺不辨。呼吸之间，倾盆倒峡，平畴皆满，相顾骇愕而去。然则龙亦神物也哉！

易白龙庙楄为孝龙说并歌　王用汲长庠司训

秦纪中有端溪温媪者，以捕鱼计活。一夕往涧，遇弃卵如斗，拾之归，置缶中。甫旬日，卵窍物出，如龙状。媪豢之成。既长，媪治鱼，误突龙尾，龙避去。数年忽还媪所，如儿眷母。始皇闻，召媪。意媪至，龙随至也。媪恋故土，不欲去。召者强，始行。离端溪千里。龙解媪意，辄奉媪还，往还者四。召人畏，止媪。媪亡，龙拥浪回沙，坟媪。汲观此，每为抚卷，叹物能用孝。

万历壬寅仲秋，司训长洲，代主阳山祀典。小艇如梭，穿桥就峡，曲曲而至，里老庭集。汲诘其祀故，对曰："白龙祠者，始龙母，姓缪氏，为处子。有白衣老人寄宿之，诺，已妊而诞为龙也。母用骇死。龙起欲去，夭矫顾盼而不忍。每当诞日，驾风驱雷，如期必至。旱祷成霖，至今如一日。"

汲闻而重叹曰："不图温后而有缪也，不图卵龙后而有孕龙也。子神于母，母神于子。显功著名，享国常典。此无异士人君子，忠孝[1]廉节，致孝养于亲，独其额曰'显济庙'，俗号为白龙祠。夫龙庙称显济，龙称白，似泛，请易以孝可乎？"或曰："龙则孝矣，将无废母耶？"汲曰："龙何有孝，孝必有亲。孝何以征，求必应祷。惟母著思，易一字而母子超褒，关于世教，何不可之有？"因述其事，系之歌以乐其神云。歌曰：

缪家女子冰蘗真，淑德劲节通神灵。白衣老叟风雨冥，化气迷濛付其身。二十四月骨骼成，翻然胚块落埃尘。劈破混沌出其神，非虺非蝎牙爪分。投怀觅乳母愕惊，神魂昏荡丧幽阴。欲腾不腾念死亲，留恋如思诞育恩。年年此日云雨兴，一去长沙几百春。追母觅舟来殷勤，将至阳山四日程。自棹倏到如转钧，舟缪祠案一一呈。舵工始觉非常人，姑苏多旱祈祷频。一祷一求如应声，俨然代母积功勋。四飞山下结数楹，东晋唐宋迄元明。祠前万顷铺黄云，粒粒穰穰佳谷登。月光箭阕穿山横，霎时昏暗雨倾盆。雷电交作于我迎，褰裳濡首渍淋淋。感羡神明来格歆，有功于民国典遵。楄题俗号不可凭，参伍拟作孝龙名。母兮子兮顾此盟，世世福苏享苾馨。

---

1. "忠孝"以下，"谷登"以上，原本缺，据清康熙三十二年陈应留补修本《阳山志》补。

重修阳山龙母庙疏[1]　陈仁锡

阳山祀龙母，迹甚异，其有关于稠人甚大。龙而姓之，母之子之，白衣语而娠，娠而弃之，母死而冢之、祀之。龙去楚，庙食长沙，诞之日，神具来，士女咸集，颇怪。然晋隆安以来，未改也。尤异者，白衣摇橹长沙，惊一夕而泛吴门，仙井濯鳞，帅漕率两邑而兴神物。绍兴己卯，所部以祷雨闻；乾道戊子，守臣以加封请。于是自山巅迁曹巷，再移澄照寺，赐额"灵济庙"，褒母"显应"。大人如杨公贡、姚公宪，缅缅足征已。国朝大学士金公幼孜、文定吴公宽、雨泉陈公鎏、幼海周公天球，皆伐石纪之。宣德五年，郡侯伯律况公钟奉玺书减荒赋百余万，终文襄之世，余米满仓，而神与之语。嘉靖间，颐斋徐公节届秋祭，吏循例请委小官，公不可，而神又与之语。此二公皆梦也，他不梦，梦见于郡何居？且夫躬祭而有年者，颐斋也。甫出庙而雨，弘治郡侯孟公俊也。意者，疾痛则呼父母，丰年则畀祖妣，犹与享之。乃以成熟报欤！然他人梦，梦二公，梦醒，神有语有不语。吏居民上，神所不语。盖有勤于民，略于祀者欤？况公斋宿而梦；徐公方下车，梦白蛇游于庭。已谒，庙壁上图白龙而骇，报二公之禋祀也。

周室中兴，治迹烂然，旱既太甚，至靡神不举，呼群

1.此篇篇首至"且夫躬祭而有年"，原本缺，据清康熙三十二年陈应留补修本《阳山志》补。

公先正，莫我听闻，岂事神别有道欤？记称龙去，其母若
有患苦，蜿蜒入太守之梦，若有控吁。今此下民亦有诉也，
苦役赋甚。或又曰：龙夭矫寝兴之间，乍吴乍楚，奚患苦
之有？然且有苦也，有诉也，况民乎！虽然，龙与有责。
今圣天子独忧于上，诸大夫协赞于三吴。扶杖持筇，思见
德化，不呼龙，谁呼？嗟乎！今之为龙亦难矣。年非不穰
康也，公私之积皆空，徒嗟瓶罍；丰凶之粟并贵，空羡仓
箱。吏兹土者难。龙子龙孙，聚宫室沼庐，奉母于此。晨
昏之际，职思其居，亦不易也，窃愿龙为其难。嘉靖之役，
袁公祖庚为之倡，部使者暨二千石以下，皆谊斯举，期月
告成。噫！出云雨与出金钱，孰易也？

直隶苏州府为悬恩给帖，永遵修葺事。据长洲县阳山
澄照寺、白龙祠守僧海会呈称：嘉靖叁年里排惠珂等呈称：
阳山白龙母庙职司雨旸，毓兹稼穑，累代加以诰封，国朝
著在祀典。春秋祭祷，府县亲自莅临。岁月倾颓，官司频
为修理。庙碑有据，郡乘可稽。但顾瞻庙宇，椽桷不常有
坏；动支金钱，库藏有时无余。与其旷岁始议兴修，孰若
逐年随加葺理？赀财既不繁费，工力又易支持。切思本山
出产白墡，例应起税。责令业户岁输拾金，纳贮县库，守
僧具领，旋加修饰，永作成规，实为恩便等情。蒙府给帖，
付守僧明燧收执。仍恐岁久事驰，悬恩给与新帖，永遵修

葺等情。据此，拟合给帖付守僧海会收执。每年于该县领白墡税银拾两，以为修庙之费，使殿宇整齐，龙神安妥。此系祭庙，事干国典。其该县经承吏书不得从中干没勒揸。如有此等，许守僧赴府指名呈禀，以凭提究不恕。守僧亦不许侵渔堕误，以致庙宇坍毁，查出并治。须至帖者。右帖给守僧海会。准此。崇祯伍年贰月初贰日。

白龙神谢祷文 崇祯壬申陈志广吴邑侯

维神德称正中，潜跃匪亢，向隶祀典。依阳山肇创，庙貌繇来，乘云著灵，历应甘雨，且赫濯既永。迨兹夏，值魃肆虐，民惧告祲矣。稽昉雩，礼斋祓，步诣两祷。虽溽暑汗喘，不恤一身，兢兢为民请命；冀邀神听，乃荷玄贶不迟，两应时雨，新苗攸苏。令何修叨斯昭格，讵敢贪洪功而缓厥报？谨分俸十金，少助修饬。因窃今时欃枪未扫，悉属亢征，仰贻龙飞宵旰，凡西北所仰输，必先南国。若民弗有秋，曷办岁供？愈恳神慈博济，十雨时若，稼事赖登，于以惠农裕国，永兆文明。所血食万祀，与阳山并悠久矣。

建祠以来，从射渎步祷，往还三十里自侯始。

重建阳山西白龙母庙记节。　李起

知郡奏院高不倚观阳山孕龙之祥，前后感应之迹，创祠宇于旧冢前，甚盛举也。后以疾辍其役。中间，弟道州不俦尝葺之。运干彦博，自京来归，克绍乃考之志。厥裁广狭，悉仍乎旧。输财捐粟，殿宇宏丽，翼以两庑，为屋十余间。不费公私，自出己力。落成之日，庆云见山顶，龙神夭矫于其间，岂非神喜于有所归耶！余乐纪其实，因撰词一章以侑。歌曰：

緊初度之呈祥兮，属春日之载阳。昔解居于龙塘兮，念劬劳而不忘。览云气其飞扬兮，岁几阅于星霜。今既举于修梁兮，信有地以游藏。虽分职以湖湘兮，盍庇护于此方。嗟田家之祷穰兮，宜时雨而时旸。爰相续而降康兮，苾酒醴之芬芳。寓于此而翱翔兮，是惟龙子之乡。

晋柏亭记　王稺登

晋阳山缪氏产龙事甚异。然载之山经，列之郡乘，传闻于故老之口实，赋咏于名流之笔端，皆凿凿乎非稽神志怪之言也。今其冢隆然，柏郁然。自隆安迄今，有祷辄应，俎豆钟虡，千秋不废矣！往者郡邑大夫惮于族之远涉也，移其祀于澄照，名东白龙，而此云西白龙。在东者，衣冠之祭，蒸尝不乏；西则村翁伏腊而已。

今岁乙巳，吴中大旱，入夏，五旬不雨，田皆龟坼，河流如线，桔槔声彻夜相闻。司农郎王公来董关政，悯农家作苦，慨然而叹曰："我计曹也，将邦赋是毗！岂其赤地扬尘，而望满篝满车哉！国家将安赖焉？"乃以六月二十一日斋戒往祷，睹兹柏之干霄，则悚然而叹："寿哉木乎！微神物护持，焉得至此？此可亭而仰也。"周视祠宇崩圮，丹青剥落，遂告于龙曰："神如不惜马鬣一滴，惠此下民，余亦何靳升斗之禄以新尔！"庙祷罢，至二十二日，果得雨。二十六日，白龙见阳山巅。明日雨盈寸；又明日，复雨。七月朔，雨沾足。于是欢声遍原隰，莫不喜色相告曰：此司农雨也。公即割俸，首建一亭于晋柏之下，署曰"龙柏"。畚锸乍兴，甘澍复降；民益趋事，不日告成。乡之田畯父老相率乞余言，记诸石。

余忆少时游阳山，夜宿岳山人家。天空无云，忽有缀炬于柏，灿如悬星。山人戒取石支扉，索绹盖屋，客无恐，龙归省母也。迨五更，大风拔木，雨随降道上，流水可浮舟。厥明，杲杲日矣。山人言龙性至孝，岁以季春三月归视墓，及期不爽。自隆安去今几千载，而龙与柏俱无恙，岂不寿且灵哉！然龙虽灵，匪祷曷应？匪诚曷祷？祷而弗诚，即祷亦茫然耳。夫天灾流行，旱魃为虐，盖靡国不有，暴尪移市之令，迎龙大雩之典，莫非有司之事，于王人使者无责也。

司农公轸念民瘼，恻焉兴怀，祷而诚，诚而应，应之不一而足。病苗、病农咸获再苏，且也不难捐帑修庙，以答神休，此其为志，岂区区守一官、徇一职而已乎！斯柏虽因龙而久，可为公异日甘棠矣。其他关政宽平，不用一切朴楸，湔涤弊垢，左右洗手奉法，莫敢操赢诎之柄。千艘万舶，咸愿出途，请俟修关志者，此皆不书。公名之都，字尔章，新城人。乙未进士。

重建嶉山东岳庙记节。　袁祖庚

惟阳山为苏郡之镇，惟管山为阳山之支，山故有庙神曰东岳。岁月建置，已无可稽。宋南渡时毁于兵燹。至淳熙间，平江总管开赵为重建焉。历代因之，香火不替。至我明嘉靖甲辰、乙巳，连岁亢旱，时户部郎蒋宗鲁至询榷税。茌止，为民祷雨，辄有应，乃捐俸修葺，庙貌一新。余与陈方伯鎏实赞成之。至万历癸未，郁攸扇虐，火烈再焚。道士邹复元力图恢复，户部郎张公世科、杜公潜、赵公经前后捐俸不等，而余与里人陆郡亦量为资助，郡复能专任其劳。乃易漫漶于丹青，奠倾欹于柱石，重楹列栋，鸟革翚飞，而奕奕新构，视昔加壮丽矣。众谓不可无文以纪岁月，乃属于余。

重建景福庵兰风碑记节。　袁祖庚

吾苏长洲之西，有阳山。山之南有岭，曰耙石岭。岭之右有庵，曰景福。余少时尝侍先大夫中宪公游之。时则栋宇焕如也，佛象俨如也，竹树森如也，可称名刹。庵有僧，曰彬公、曰秀峰者，以役累，弃其耙石。东堂为毁，拆后数年，彬公死，秀峰益不能支，仅存数椽，欲并其地而求售。先大夫偿其直而存之，俾子弟读书其中。以岁所入为粮差费。至万历八年，华山僧兰风欲徙是为焚修地。余子孝思以为请，余曰：是固吾意也。遂慨然与之。兰风与其徒源洲，乃增建其栋宇，缭以墙垣，视昔加美焉。逾三年而兰风卒，因葬斯地，扁其门曰"塔院"。

附：兰风遗偈

佛祖常如是，头陀也是痴。分身无量亿，动念不思议。孤光含大地，一默镇须弥。骨塔空留迹，名书千古碑。

论曰：上下千载，犹可考信，维金石是赖。岐阳之鼓、之罘之乐，重有以也。文殊固有题，竟为图兆者漫灭，前犹有收其盖者；若龙祠诸刻，屃赑巘然。碑版亦有幸有不幸哉！

赞曰：他山之石，既砻既刻。云锦爡灿，高文巨笔。置诸山阿，亘古悠长。年祀忽移，卒就荒凉。噫乎白龙，琬琰是琢。雨日所侵，将见泐剥。吁嗟文殊，莫问龟趺。载刊贞珉，永纪新模。

序阳山志后

夫四飞镇居一郡，脉衍诸山，气概峥嵘，势形巇崹，崛起奇标万石，回驰秀列群峰。张口吮天，见双阙之对峙；腾身攫地，有两爪之凭虚。贯日而晨台高，孕月而夜壑险。崿节漏影，洞腹屯烟。海峤涌轮，平墅共霞光闪采；湖波堆髻，遥空与水色相鲜。哀喉丹泉，鹤仙归乎辽海；阴森两柏，龙子返乎潇湘。

树落秋声，苔封古趣；崖颓更缀，径绝仍通。云中殿宇交飞，木末房廊叠架。幽蔚隐霭，林薄丛笼。俗染顿清，喜兰香之夹涧；嚣尘忽扫，爱竹帚之临空。云水宽而魂气飘，景物奇而心胸荡，信苏郡之灵境，为吴都之神山矣。

芝台陈太史者，夙具济胜，雅抱山缘，吐辞则非烟祥风，削句则崇岩峭壁。登高作赋，将造化相参；选胜留题，与海日争丽。为约束而开莲社，高韵咸臻；定位置而出云峰，经营尽妙。成刻已久，藏山不磨。

乃季方、中卿，胜情独上，峰头朗月[1]初开；远兴孤骞，

---

1. "朗月"以下，原本缺，据清康熙三十二年陈应留补修本《阳山志》补。

岩下疏风最爽。日星缀笔，龙鸾炳文，家多惠施之方，腹有曼倩之足。每以山中奇境，未能悉举，古来名迹，渐就湮芜，爰同不佞取法奇观，条分胜概，意欲散峡洞若列眉，开卷了如指掌，俾远近之好事者偶营游集，士人之豪兴者乘暇登临。峰峦名字先谙，路径纡回可辨。愧不佞独学无友，家贫少书，曾未阅市而广见闻，徒有入厕而希著述，是以题咏古今无泛博采，建置岁月靡得旁搜，疏漏孔殷，粃谬已极。虽尝与石传张氏拂苔而问题名，拭碑而征往事，又仲恬徐氏麓起原阡，时因展扫，叙屡经之流览，聆觇缕之悟言。然终有逸于收罗，竟无裨于脱略。巧规郭象，止欲附以窃名；识谢杨终，敢自拟于删定。怀朴涴玉，实切深惭；拣金汰沙，缘知取诮。始犹夭藤而属稿，终竟灾木而成编。古有山经，何敢窃比；后纪郡乘，亦奚取诸？

崇祯玄黓涒滩仲商，吴下陆汝成识。

阳山新录

孙中旺 点校

阳山新录

吴中山水奇瑰秀拔，阳山又为吴之镇，去城三十里，蟠蠡特异，以其背阴面阳，故曰阳山。中有仙迹佛老灵奥之区，山人莫询，郡乘不载，故游者不能知，虽知，不暇悉也。余自堁川移家山中，岳子素尚丘壑，相与沉冥山水，志道攸同。虽一觞一豆，必命舆跻讨。遂得寺观者七，古迹者四，泉石者二，晋柏一，山房一，共十五题，题各纪之以诗。首以大石，近而胜也；次以龙祠、澄照，废而伤也；次以文殊、净明、罐山、甑山，嘉其偏也；又次曰箭缺、曰丹井、曰耙石、曰仙洞、曰墙壁、曰水岩、曰晋柏，喜其怪而奇也；终之以修绿山房者，识君子之考槃也，遂名曰《阳山新录》云。吴郡顾元庆序。

大石云泉庵　元庆

丹崖侧立山之阳，白日翻疑霄汉翔。绝磴飞梁还栋宇，短墙曲径自棕篁。山中麋鹿安安下，石上烟霞袅袅长。半壁诸公联石句，于今词翰有辉光。

和　岳岱

一巘凌虚势欲翔，逶迤曲磴绕幽篁。山僧入定青春静，

尘客来游白昼长。归院石云常栋宇，近檐花蕊自阴阳。人
间我欲除烦恼，看取灵珠午夜光。

龙母祠 元庆

神物千年产缪娥，依然庙貌此山阿。到门自觉龙蛇动，
出谷常疑雷雨过。异代栋梁归浩劫，只令松桧执挐诃。迩
来太守随车澍，一郡惊看润泽多。

和 岱

石濑浅浅山木苍，五湖祠庙接潇湘。灵衣珠珮无消息，
桂栋兰橑有夕阳。白酒土人来祷旱，绛帔玉女对焚香。季
春岁岁龙归异，千古风云近草堂。

澄照寺 元庆

仙泉古寺白云隈，短杖攀跻摇落时。夜静不闻辽鹤语，
碑亡空忆谢涛诗。拄撑岁月还孤殿，拥护风云有缪祠。啸
坐莓苔山寂寂，一尊斜日有余悲。

和 岱

秋日荒山自可哀，昏冥聊借一衔杯。锦开双壁云中削，
翠积连峰天上来。地冷佛香空草木，雨侵龙象半莓苔。唐
碑宋殿俱零落，始信人间尽劫灰。

文殊寺 元庆

虚无指点古招提，仄径千盘欲尽跻。仰面霏霏空翠湿，
此身冉冉白云齐。庭中宿莽惊麇出，栱上新巢怖鸽栖。往
日题名何处觅，黄昏松桧益凄凄。

和　岱

翠峰高处隐招提，绣壁禅林众鸟栖。杯酒升沉看日月，
杖藜岩壑动攀跻。尘心烦恼谁能释，仙客浮游我欲齐。回
首上方烟雾锁，下山松柏思凄凄。

净明寺　元庆

石径岩峣碧寺通，老僧终日少迎逢。停舆隔竹莺千啭，
借榻连峰翠万重。一钵山厨常作供，六时金界自鸣钟。廿
年巾舄劳尘土，始觉空门万事慵。

和　岱

石磴盘回绕上方，傍岩台殿倚苍苍。阶前银杏充僧供，
炉底松花当佛香。高岭星河尝信宿，下山花竹又斜阳。却
缘婚嫁皈依晚，未得辞家礼法王。

礄山道院　元庆

度岭晶荧碧树开，杖藜应趁白云来。莫言物外浮丘伯，
未识山中玄圃台。瑶草石坛长岁月，松风涧水不尘埃。翠
房缥缈箫声发，会把流霞未拟回。

和　岱

缥缈青山碧殿开，千峰紫翠一登台。好花忽向游人笑，
浴鸟晴看小涧来。云外酒杯空日月，人间身累亦尘埃。蓬
丘未遇还丹诀，城郭秋风望忽哀。

甑山寺　元庆

南国风高秋可哀，空山无伴我重来。青林杳杳数峰出，

白日荒荒一殿开。小径故教穿竹屿，长松何意护经台。衰年不厌闻清梵，暂省尘缘坐不回。

和 岱

海上风烟白昼哀，林中碧寺客同来。霜清涧户蕉犹绿，秋尽山堂菊剩开。处世百年真过隙，携壶今日是登台。斋心未可捐身累，日暮人间首重回。

箭缺 元庆

两峰中断山椒起，云是秦皇一镞穿。万壑松涛双屦底，三吴风物一尊前。濛濛元气玄崖湿，蔼蔼高云翠壑鲜。欲酹公孙呼不起，晚来幽独下苍烟。

和 岱

箭缺中天积翠高，诸山西拥似奔涛。浮云客到春常湿，绝磴难跻石更劳。一片五湖看落日，双眸百里见秋毫。王乔自有芙蓉杖，忽听仙禽唤九皋。

丁令威丹井 元庆

忆昔鹤仙丁令威，尚余丹井鹤峰陲。古苔不断侵重碧，止水空怜结细漪。伏火竟无丹客往，操罂还有野僧知。人间物外俱陈迹，华表月明空尔思。

和 岱

仙井依然古寺中，试窥一鉴倒晴峰。飞花水底红犹积，古藓山中绿自封。千载无人丹灶灭，一杯留客野僧供。我来矫首辽东鹤，华表秋云驻短筇。

耙石岭　元庆

如画如塍一岭纤，仙人曾此种璠玙。莓苔隐见齿迹古，岁月凭凌石理疏。昆璞荆璆非昔有，桃花流水是秦余。偶来只恐烟霞闷，落日停舆一笑舒。

和　岱

种玉仙人去不返，只今花落惟空山。奇迹悠悠白石在，齿痕了了苍苔间。高天古寺已千岁，曲径飞云时一攀。青牛白鹿不可见，览胜题诗真等闲。

鸡峰仙洞　元庆

鸡峰崔嵬半插云，上有灵区断俗氛。背日一门通窈窕，经时四壁湿氤氲。丹砂狼藉千年迹，异草纷披五色文。我欲幽探启玄秘，却疑人世已千春。

和　岱

窅然一洞通林屋，遥忆此山开凿初。高顶云门碧玉杖，空腹石床丹诀书。蛟龙不知造物闷，天地故着真仙居。我今投迹偶方士，白虎青龙爱驾车。

白墙岭石壁　元庆

墙岭盘盘客倦跻，倚空半壁插涟漪。故开返照添新绮，旋着归云弄晚姿。的的珊瑚幽处结，濛濛萝薛崁中垂。买山吾欲终长啸，先向岩前纪近诗。

和　岱

岭下春云寺欲迷，山头春日眼看低。吴侬白垩犹充贡，神爵黄麻徒尔为。二壁丹青开绮丽，千寻萝茑拂涟漪。尧封禹贡空寥落，茅屋山林有所思。

滴水岩瀑布　元庆

翠岩遥望接氤氲，山石棱棱路不分。空外大声喧白日，风前飞沫湿青云。无人涧上怜幽草，有客溪中知美芹。茅屋松筠还谷口，只今吾欲避缁氛。

和　岱

苍岩千仞接青云，岩下悬泉一水分。雨后迅流林谷振，旱时不竭古今闻。稼穑山田需岁稔，品题翰墨动新文。探奇历异平生事，不觉西林下夕曛。

西龙祠古柏　元庆

何年古柏寺门栽，故老相传东晋来。世短世长忘日月，龙来龙去剧风雷。孤高未信神明力，蹯据还输造物培。谷口秋飙吹子落，种成又见栋梁材。

和　岱

古柏苍苍东晋栽，无人不道栋梁材。嵌中蝍蛆龙能化，树杪风云气忽来。身上紫藤留挂锡，枝间香米落停杯。金沙宝树消烦热，红日清阴坐不回。

修绿山房　元庆

修绿山堂千竹依，寒岚翠雾交霏霏。闭门卓午尊俎集，解衣长啸风尘违。菊花对酒丛丛放，木叶经霜冉冉飞。披豁共君忘日暮，扁舟重待月明归。

和　岱

芙蓉黄菊相因依，故人清尊约不违。谷鸟吟风日款款，山云出竹晴霏霏。不愁向市少沽值，且喜看花无是非。清溪之边东岭上，新月照君孤棹归。

吴多山水奇胜，而吾实产斯邦，游迹颇尽。会心处或为图，或为诗，辍复为人持去，今落落犹见于人间。嘉靖己亥九月秋，霖雨初霁，山高木空，乃与大石山人顾君，自云泉庵而北以至鸡笼、甄山，东逾白墡岭，以至礄山、澄照，南过耙石岭，转而西至净明寺，复奋趾登箭阙，憩文殊寺，乃归余修绿山房。凡兹游，浃旬而止，于有仙释所居，泉石所乐，顾君咸纪述而吟咏之，余和之，共得七言近体诗三十首，缮写成帙，置之几案，他日卧游小斋，亦阳山一公案也。漳河岳岱识。

嘉靖己亥岁，吴郡顾氏刻梓于阳山草堂之大石山房。